一天一则
名言警句

道德卷

主　编：夫　子

编　委：范　丽　何朝辉　雷　蕾　刘　佳
　　　　毛　恋　孙　娟　唐玉芝　邱鼎淞
　　　　王　惠　吴　翮　向丽琴　晏成立
　　　　阳　倩　叶琴琴　曾婷婷　张朝伟
　　　　钟　鑫　周方艳　周晓娟

山东教育出版社
·济南·

图书在版编目（CIP）数据

一天一则名言警句 . 道德卷 / 夫子主编 . — 济南：
山东教育出版社，2023.2
ISBN 978-7-5701-2450-3

Ⅰ . ①一… Ⅱ . ①夫… Ⅲ . ①格言—汇编—中国—古
代②警句—汇编—中国—古代 Ⅳ . ① H136.3

中国版本图书馆 CIP 数据核字 (2022) 第 245552 号

YI TIAN YI ZE MINGYAN JINGJU　DAODE JUAN
一天一则名言警句　道德卷　　夫子　主编

主管单位：山东出版传媒股份有限公司
出版发行：山东教育出版社
　　　　　地址：济南市市中区二环南路 2066 号 4 区 1 号
　　　　　邮编：250003　电话：（0531）82092660
　　　　　网址：www.sjs.com.cn
印　　刷：济南鲁艺彩印有限公司
版　　次：2023 年 2 月第 1 版
印　　次：2023 年 2 月第 1 次印刷
开　　本：720 mm × 1020 mm　1/16
印　　张：10
印　　数：1—10000
字　　数：180 千
定　　价：36.00 元

（如印装质量有问题，请与印刷厂联系调换）
印刷厂电话：0531－88665353

目录

一

己所不欲，
jǐ suǒ bú yù

勿施于人。
wù shī yú rén

/追本溯源/

子贡问曰："有一言而可以终身行之者乎？"子曰："其恕乎！已所不欲，勿施于人。"

——《论语》

/品思解读/

自己不愿意去做、不愿意承受的事情，就不要强加给别人。这是孔子对他的弟子说的话。在孔子看来，人们应当以自身为标准来对待他人，自己都做不到的事情，又如何能要求别人做到呢？

/写作运用/

写作主题： 美德　修身　换位思考

写作示范： 己所不欲，勿施于人。与人交往时，我们要考虑别人的感受。人与人之间是平等的，要求对方做某事之前自己要先思考一下，这件事对自己来说难不难。当我们能换位思考时，也将收获来自别人的尊重。

己 所 不 欲 ， 勿 施 于 人 。

《论语》

《论语》与《孟子》《大学》《中庸》合称为"四书"。《论语》一书首创"语录体"，由孔子弟子及再传弟子编纂而成，全书共20篇。《论语》主要记载孔子及其弟子的言行，比较集中地反映了孔子的思想，内容十分广泛，涉及人类社会生活的诸多问题，对后世产生了重大影响，是儒家学派的经典之作。

《先师孔子行教像》（拓片） ［唐］吴道子

一天一则名言警句·道德卷

003

二

<ruby>与<rt>yǔ</rt></ruby> <ruby>朋<rt>péng</rt></ruby> <ruby>友<rt>yǒu</rt></ruby> <ruby>交<rt>jiāo</rt></ruby> ， <ruby>言<rt>yán</rt></ruby> <ruby>而<rt>ér</rt></ruby> <ruby>有<rt>yǒu</rt></ruby> <ruby>信<rt>xìn</rt></ruby> 。

/追本溯源/

　　子夏曰："贤贤易色，事父母能竭其力，事君能致其身，与朋友交言而有信。虽曰未学，吾必谓之学矣。"

——《论语》

/品思解读/

　　与朋友交往的时候，一定要恪守信用，说到就要做到。这是《论语》中孔子的弟子子夏说的话。诚信是交友的基本准则，只有以诚待人才会获得别人的信任。要做到诚信，就不能随便许诺，而应先思考自己能否做到，如果是能力范围之外的事情，一定要懂得拒绝。

/写作运用/

　　写作主题： 友谊　诚信　修身

　　写作示范： 有一次，我和朋友约好了周末一起去博物馆。爷爷突然打电话说家里的葡萄熟了，让我周末过去吃。我很想吃葡萄，但一想到跟朋友的约定，只能拒绝爷爷，说好下周再去。爸爸知道后冲我竖起大拇指，夸我说："与朋友交，言而有信。你做得很好！"

与 朋 友 交 ， 言 而 有 信 。

历史上那些诚实守信的名人

古往今来，凡是品德高尚的人，都有诚实守信的好品质。孔子的弟子曾参，为了妻子对孩子说的一句玩笑话，就真的把家里的猪杀了，是为了以身作则，让孩子养成诚实守信的习惯。北宋时期的晏殊在参加科举考试时，发现题目是自己做过的，就说出实情，并要求另做一题。明初文学家宋濂小时候非常喜欢读书，但因为没钱，只能向别人借书，有时候甚至连夜抄书，是为了信守承诺，赶在约定期限内把书还回去。

《至圣先贤半身像册·曾参》 ［元］佚名

三

shī xìn bú lì
失信不立。

/追本溯源/

小所以事大，信也。失信不立，君其图之。

——《左传》

/品思解读/

不讲信用就得不到别人的认可，就无法在社会立足。这是晏平仲对齐庄公说的话。晏平仲告诫齐庄公，恪守诚信不仅是一个人的处世立身之本，也是一个国家安民治国之道。国君言而无信，就会失去百姓的信任。

/写作运用/

写作主题：诚信　道德　修身

写作示范：失足，你可以恢复站立；失信，你也许永难挽回。失信不立。诚信是一个人的立身之本，是为人处世的基本要求，也是取得成功的必要条件。

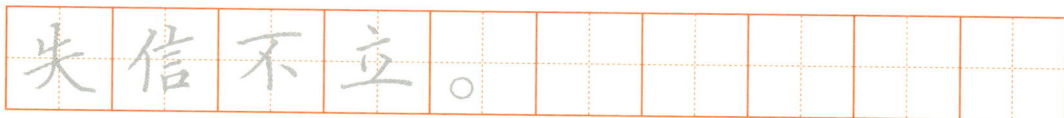

失信不立。

文言文中"立"的意思

甲骨文中的"立"像一个人正面立于地上，本义是笔直地站立，欧阳修的《卖油翁》中就有"卖油翁释担而立"。除本义外，"立"还有"设立"的意思，《过秦论》中"商君佐之，内立法度"的"立"就是这个意思。成语"势不两立"的意思是敌对的双方不能同时存在，因此，"立"还可以表示存在。

甲骨文

金文

大篆

小篆

隶书

楷书

一天一则名言警句·道德卷

诚信者，天下之结也。

|追本溯源|

先王贵诚信。诚信者，天下之结也。

——《管子》

|品思解读|

诚信的人，全天下的人都愿意与之结交。对个人来说，诚信是优秀的美德，是人际交往中的重要因素；对社会来说，诚信是维持稳定发展的关键，人人都讲究诚信，必将减少社会中的不稳定因素。

|写作运用|

写作主题：道德　诚信　修身

写作示范：自古以来，讲诚实、守信用就是中华民族的传统美德，衍生出了许多关于诚信的成语，比如"一言九鼎""一诺千金"等。但当今社会仍存在形形色色的诈骗手法，我国打击诈骗行为的力度不断加大，因为这关乎人民群众的利益，代表着一个国家的文明形象。诚信者，天下之结也。如果人人都做到诚实守信，那么我们的社会将变得更加美好。

诚 信 者， 天 下 之 结 也。

战国七雄

战国七雄，是战国时期七个实力最强大的诸侯国的统称。经过春秋时期旷日持久的争霸战争，周王朝境内的诸侯国数量大大减少。周王室名义上为天下共主，但诸侯国互相攻伐，战争不断。三家分晋后，赵国、魏国、韩国跻身强国之列，又有田氏代齐，战国七雄的格局也正式形成，分别是：齐国、楚国、燕国、韩国、赵国、魏国、秦国。

《人物龙凤帛画》 ［战国］佚名

一天一则名言警句·道德卷

009

小信成则大信立。

xiǎo xìn chéng zé dà xìn lì

/追本溯源/

小信成则大信立，故明主积于信。

——《韩非子》

/品思解读/

在小事上讲求信用，长此以往，在大事上就能够建立起信誉。韩非子告诫君王治理国家要讲究方法，诚信是立世之根本，作为君王，更要以身作则。人与人之间的信任都是慢慢累积起来的，我们要重视日常生活中的每件小事，养成诚实守信的好习惯。

/写作运用/

写作主题：诚信　坚持　修身

写作示范：商鞅为了变法，立木获取了百姓的信任，使新的律法得以顺利施行；而《狼来了》故事中的男孩，却因为一再欺骗大家，不但没有保护好羊，也失去了别人的信任。小信成则大信立，诚信不仅是个人的道德标准，还是企业赖以为生的根本，是社会交往中最好的名片。

小 信 成 则 大 信 立 。

以诚治国

人无信不立，国无信不强，千百年来，人们讲求诚信，推崇诚信，践行诚信。据载，战国时期，魏国的国君魏文侯与管理山林的人约好要前去打猎，谁知道第二天下起了大雨，打猎肯定是没法进行了，但魏文侯还是冒着大雨前去赴约。魏文侯处处诚信待人，官员和百姓都非常信服他，魏国逐渐强大起来。

一天一则名言警句·道德卷

狩猎纹铜壶 ［战国］

商鞅立木为信

战国时，秦国的商鞅在秦孝公的支持下主持变法。当时正处于战争频繁、人心惶惶之际，为了树立威信，推进改革，商鞅下令在都城南门外立一根三丈长的木头，并当众许下诺言：谁能把这根木头搬到北门，赏十金。

围观的人都不相信如此轻而易举的事能得到这么高的赏赐，所以一直没人肯出手。于是，商鞅将赏金提高到五十金。重赏之下必有勇夫，终于有人站出来将木头扛到了北门。商鞅也按照承诺，赏了那人五十金。

商鞅立木为信这一做法，使他在百姓心中树立了极高的威信，也为变法在秦国顺利推广奠定了坚实的基础。新法使秦国日渐强盛，最终，在几代秦王的努力下统一了六国。可见，"诚信"对个人发展乃至一个国家的兴盛都起着非常重要的作用。

曾子杀猪

有一天，曾子的妻子打算到集市上去，但她的儿子一直哭着吵着要跟她去。曾子的妻子就哄儿子说："你在家等着，我回来的时候就杀猪给你吃。"等到她从集市上回来，就看到曾子正准备杀猪呢！她连忙拦下曾子，对他说："我开个玩笑罢了，你居然当真了。"曾子却回答："父母有教育孩子的职责，我们说什么，他就信什么。现在你欺骗孩子，就是在教他欺骗别人。如果孩子知道了母亲欺骗他，以后他也就不再相信他的母亲了。"说罢，就把猪给杀了。

一、从下列图片中选出"立"的甲骨文，在正确的图片下画"√"。

①　　　　　②　　　　　③　　　　　④

☐　　　　　☐　　　　　☐　　　　　☐

二、请将下面的内容补充完整。

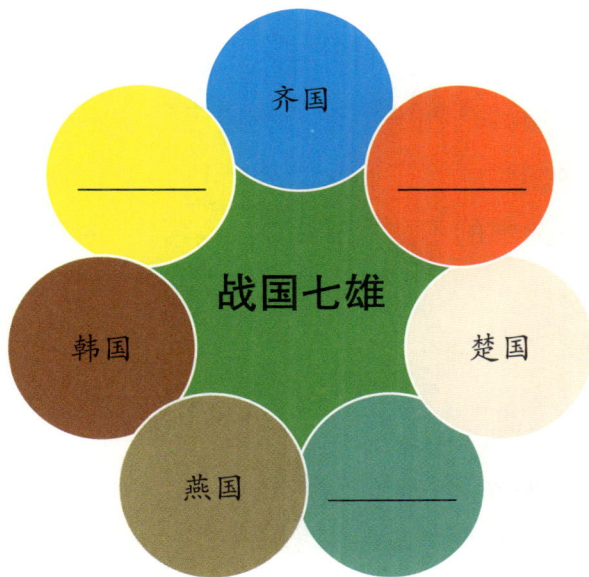

齐国

＿＿＿＿

战国七雄

韩国

楚国

燕国

＿＿＿＿

＿＿＿＿

三、下列主张"以诚治国"的国君是（　　　）。

　　A. 晋惠公　　　　B. 魏文侯　　　　C. 周幽王

一

bù qiān nù　　bú èr guò
不迁怒，不贰过。

|追本溯源|

有颜回者好学，不迁怒、不贰过，不幸短命死矣，今也则亡，未闻好学者也。

——《论语》

|品思解读|

不会因为自己犯的错误而去迁怒、埋怨别人，同样的错误也不会犯第二次。这句话是孔子用来评价自己的学生颜回的。在孔子看来，众多弟子中，颜回除了好学之外，还真正做到了修身。这也告诫我们，面对生活中的不如意，我们要学会解决问题，而不是埋怨别人。

|写作运用|

写作主题：道德　修身　人际交往

写作示范：一个人的品行往往就体现在日常言行中。有的人在遇到问题的时候总是先检讨自己的不足，不迁怒，不贰过；而有的人第一时间却是发脾气，紧接着就开始埋怨别人。生活中如果遇到这两种人，你会更喜欢和谁相处呢？

不迁怒，不贰过。

从"贰"来看大写数字

在生活中，我们除了可以用"0、1、2、3……"和"○、一、二、三……"来表示数字外，还有一种特有的书写方式，那就是大写数字。大写数字是与数字同音的汉字，从0～10分别写为：零、壹、贰、叁、肆、伍、陆、柒、捌、玖、拾，使用大写数字可以防止数目被涂改。据载，早在唐朝时期，大写数字就已经被全面使用了，后来逐步规范化。

《至圣先贤半身像册·颜渊》　［元］佚名

二

ài rén ruò ài qí shēn
爱人若爱其身。

/追本溯源/

若使天下兼相爱，爱人若爱其身，犹有不孝者乎？

——《墨子》

/品思解读/

应该像爱护自己一样去爱护别人，这是墨子提出的"爱无差别等级，不分厚薄亲疏"的主张。墨子认为，对待别人要如同对待自己，爱护别人如同爱护自己，彼此相亲相爱，不受等级、地位、家族、地域等的限制。

/写作运用/

写作主题：道德　修身　爱人爱己

写作示范：我时刻谨记老师"爱人若爱其身"的教诲，对待身边的人都心存善意。对待同学，我热情友好，与他们和睦相处；对待朋友，我真诚守信，总是在他们有需要的时候提供帮助；对待家人，我心存感恩，尽己所能关爱他们。

爱	人	若	爱	其	身	。					

|日有所得|

墨子的"兼爱""非攻"思想

墨子是墨家学派的创始人，他最著名的思想就是"兼爱""非攻"，那"兼爱""非攻"指的是什么呢？"兼爱"包含平等与博爱两重含义，而"非攻"则是指反对攻伐掠夺的不义之战，通俗来说，就是反对战争，主张和平。在墨子看来，当时的社会之所以出现恃强凌弱、欺贫爱富的现象，都是因为天下人不相爱。

蔡侯产戈　　〔春秋〕

一天一则名言警句·道德卷

仁者爱人，
有礼者敬人。

rén zhě ài rén
yǒu lǐ zhě jìng rén

/追本溯源/

仁者爱人，有礼者敬人。爱人者，人恒爱之；敬人者，人恒敬之。

——《孟子》

/品思解读/

内心仁慈的人懂得如何去爱护别人，有礼貌的人知道怎样去尊敬他人。这种"仁"的思想其实是继承了孔子关于"仁"的学说。"仁者"是很高的目标，一般人很难做到，但可以从"有礼者"做起，这也是新时代对我们的要求。在生活中，每个人都要遵纪守法，端正自己的思想，规范自己的行为。

/写作运用/

写作主题：道德　修身　礼貌　待人接物

写作示范：中国自古以来就是礼仪之邦。作为中国人，我们要充分践行"仁者爱人，有礼者敬人"的道德准则，在平常的生活中多使用礼貌用语，对待身边的人一视同仁，给予每个人最基本的尊重。

仁者爱人，有礼者敬人。

花样百出的谦称与敬称

在古代，人们非常重视礼节，他们往往用谦称表示自己，用敬称称呼对方。一般人称自己"鄙人""在下"等，称自己的父母为"家父""家母"，称自己的妻子为"贱内"，称自己的儿子、女儿为"犬子""小女"，称自己的家则为"寒舍"。而称呼对方就是"足下""阁下"，称对方的父母为"令尊""令堂"，称对方的妻子为"尊夫人"，称对方的子女为"令郎""令爱"，称对方的家为"府上"。

《孟母断机教子图》（局部）　［清］康涛

一天一则名言警句·道德卷

见善则迁，
jiàn shàn zé qiān

有过则改。
yǒu guò zé gǎi

/追本溯源/

《象》曰：风雷，益；君子以见善则迁，有过则改。

——《周易》

/品思解读/

这里的"迁"表示追随、效仿。见到美好的人和事就要努力学习，有了错误就要马上改正。人生应不断学习和探索，每个人都应改正自身的不足，提升自己的素质，努力成为更好的自己。

/写作运用/

写作主题：修身　道德　品行　自我提升

写作示范：活到老，学到老。人生是一个不断修正不足、提升自己的过程，见善则迁，有过则改。古往今来，凡是能够听取有益意见的人都取得了不小的成就。我们要向他们学习，让自己变得越来越好，用新的形象去迎接未来的挑战。

见善则迁，有过则改。

"迁"指升职还是降职？

"迁"在文言文中一般表示迁移或转变，除此之外还有调动官职的意思。当"迁"表示调动官职的时候，到底是升职还是降职呢？

一般来说，这取决于"迁"前后所加的字。比如"迁授""迁除""迁进"表示升迁；而"迁调"则是调职，官职大小没有明显变化；至于"迁谪""迁削"和"左迁"，代表的就是降职。

一天一则名言警句·道德卷

《农迁图》（局部） ［唐］韩滉

五

guò ér bù gǎi
过而不改，
shì wèi guò yǐ
是谓过矣。

/追本溯源/

子曰："过而不改，是谓过矣。"

——《论语》

/品思解读/

第一个"过"可理解为犯错，第二个"过"可理解为过错。犯了错却不加以改正，这才是真正的过错。孔子用这句话规劝人们要及时改过。每个人都会犯错，犯错并不可怕，可怕的是我们没有意识到错误，并在那之后犯同样的错误。

/写作运用/

写作主题： 修身　道德　品行　知错就改

写作示范： 每个人都会犯错，重要的是能够及时改正。过而不改，是谓过矣。记得有一次我打破了家里的花瓶，但因为我主动向父母认错，他们不仅没有训斥我，还表扬我勇于承认。也正是那次的经历，让我从此以后都有勇气去面对错误，并积极纠正。

过 而 不 改 ， 是 谓 过 矣 。

|日有所得|

文言文中"过"的意思

在古代，"过"除了表示"过错"，还有"走过、经过"的意思。《左传·殽之战》里"三十三年春，秦师过周北门"的"过"，就是这个意思。而在沈括的《采草药》一文中，"花过而采则根色黯恶"的"过"，则表示"时间过去"。除此之外，"过"还可以表示"过分""过于"，《陈情表》中"过蒙拔擢"的意思就是受到过分提拔。

《夏山过雨图》（局部） ［元］高克恭

一天一则名言警句·道德卷

周处改过自新的故事

西晋时，有个人叫周处，他成天在外惹是生非，危害乡里。当地人把周处、附近山里的猛虎和水中的蛟龙称为"三害"，而其中周处最令人头疼。人们都在背地里抱怨："三害不除，永无宁日啊！"有人就提议想办法劝说周处上山杀虎、下水屠龙，这样，"三害"就除了"两害"，如果周处被猛虎或恶龙吃掉，也相当于除了"一害"。

周处果真被说动了。第二天，他就带着弓箭进山找虎。到了山林深处，一只很大的猛虎从树后蹿出。周处闪到一边，搭弓射箭，射中猛虎的脑门，老虎死了。第三天，周处又带着刀剑，跳进水里去找蛟龙。三天三夜过去了，周处还没有回来。大家以为周处和蛟龙都死在水里了，于是奔走相告，聚众庆祝。没想到第四天，周处竟然安然无恙地回来了。

周处看到大家正在为他的"死"而高兴，终于明白自己平时的行为是多么遭人痛恨。于是，他下决心改过自新。当时有两个很有名望的人，一个叫陆机，一个叫陆云。周处找到陆云，诚恳地谈了自己决心改过的想法。接着他又说："我觉悟得太晚，把宝贵的时间白白浪费掉了。现在想干一番事业，恐怕太晚了。"陆云勉励他说："别灰心，您有这样的决心，前途还大有希望呢。一个人只怕没有志气，不怕没有出息。"打那以后，周处跟着陆机、陆云学习，刻苦读书，同时注意提升自己的品德修养。后来，他成为晋朝有名的大臣。

学以致用

一、连一连，把词语和所表示的职位调动连起来。

调职   升官   降职

迁授   迁除   迁调   左迁   迁削

二、把下列内容补充完整。

大写数字

壹
____
叁
肆
____
柒
捌
____

三、古代称呼别人的房子是（   ）。

A. 寒舍   B. 贱内   C. 府上

一

bú rù hǔ xué
不入虎穴，
yān dé hǔ zǐ
焉得虎子。

/追本溯源/

超曰："不入虎穴，不得虎子。当今之计，独有因夜以火攻虏，使彼不知我多少，必大震怖，可殄尽也。"

——《后汉书》

/品思解读/

如果不进入老虎洞里，就不能捉到小老虎。这句话是班超出使鄯善国时，在生死关头，号召勇士们下定决心消灭来鄯善国施加压力的匈奴使者时说的话。只有勇敢地走入危险的境地，体验艰苦的环境，才有机会得到别人所不能得到的东西，积累不同凡响的人生经验。

/写作运用/

写作主题： 勇敢　奋斗　实践　人生理想

写作示范： 勇敢是成功的基石，如果你有勇气去做一件事，迈出第一步，那你便做成了这件事的一半。不入虎穴，焉得虎子。人生中会遇到许多困难，只要你勇于向它们挑战，那你就距离成功不远了。

不 入 虎 穴 ， 焉 得 虎 子 。

/日有所得/

古代的老虎有哪些名称？

与现在一样，老虎在古代的名称就是虎。李渊建立唐朝后，他的祖父李虎被追封为皇帝。因此，"虎"这个字需要避讳。这样，直接用"虎"来称呼这种动物的情况变少了，更多用"大虫"来代替。

古代的人把动物都叫作"虫"。老虎作为兽类，属毛虫，又被民间称为"百兽之王"，而"大"有"为长""为首"的含义，所以虎在古代被称作"大虫"。此外，老虎还有"山君""斑子""白额""寅兽"等别称。

《虎图》 ［清］马负图

027

人谁无过？
<small>rén shéi wú guò</small>

过而能改，善莫大焉。
<small>guò ér néng gǎi　shàn mò dà yān</small>

|追本溯源|

稽首而对曰："人谁无过？过而能改，善莫大焉。"

——《左传》

|品思解读|

人没有不犯错误的，只要能及时改正自己的错误，就是最好的事情。我们要用正确的态度去面对已经犯下的错误，吸取教训、总结反思，避免之后再犯。每一次的失败都能磨炼我们的意志，也能成为我们走向成功之路的基石。

|写作运用|

写作主题：反省　振作　知错就改　人生价值

写作示范：同桌仗着自己球技高超，在这次校篮球比赛中，没有积极配合队友，孤军奋战，结果输给了对方。这几天，他都一副消沉的模样，我安慰他说："人谁无过？过而能改，善莫大焉。前些天你确实做得不对，没有顾全大局，现在只要你知道错了，真心悔改，谁还会继续怪你呢？"

人谁无过？过而能改，
善莫大焉。

|日有所得|

"人非圣贤，孰能无过"，这就够了吗？

　　"人谁无过"这句话常常也被说成："人非圣贤，孰能无过。"意思是一般人既不是圣人，也不是贤人，哪里能不犯错？有人会想：反正我不是圣贤，犯错误也正常。于是用这句话来推卸责任，给自己不求上进甚至做坏事找了个借口。

　　实际上当年被劝谏的人——晋灵公，也只听进去了前半句，并在之后依旧我行我素，最终他被自己的臣下给刺杀了。后半句"过而能改，善莫大焉"中，重要的是"改"而非"过"，只有改正了自己的错误，坏事才能变为好事。

蟠虁纹匜（yí）　　［春秋］

一天一则名言警句·道德卷

三

tiān xíng jiàn
天行健，
jūn zǐ yǐ zì qiáng bù xī
君子以自强不息。

|追本溯源|

《象》曰：天行健；君子以自强不息。

——《周易》

|品思解读|

天道运行周而复始，刚强劲健，君子应效法天道，自立自强，不断奋斗。人生在世会遇到许多挫折，我们应该勇敢地面对并战胜厄运。一个人的成功绝对不是偶然的，人若不经历波折、磨难，怎么会有成长呢？

|写作运用|

写作主题： 自强　信念　人生价值　生命意义

写作示范： 天行健，君子以自强不息，这种精神是古人留给我们的宝贵财富。从林则徐的虎门销烟，到"两弹一星"的成功研制，哪一次重大的胜利不是我们依靠自强不息的精神取得的呢？

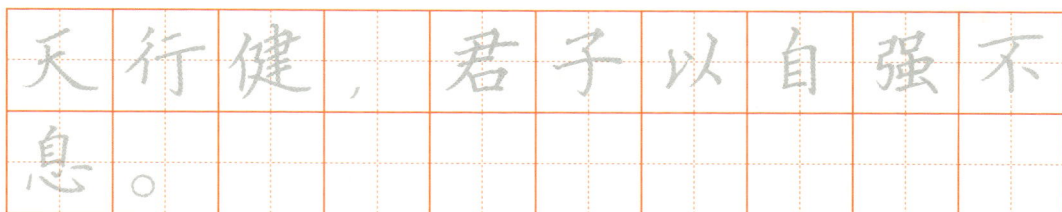

名校校训有渊源

自强不息，厚德载物。（清华大学）

天行健；君子以自强不息。

地势坤；君子以厚德载物。

————《周易》

海纳百川，有容乃大。（四川大学）

海纳百川，有容乃大；壁立千仞，无欲则刚。

————林则徐

博学而笃志，切问而近思。（复旦大学）

子夏曰："博学而笃志，切问而近思，仁在其中矣。"

————《论语》

博学、审问、慎思、明辨、笃行。（中山大学）

博学之，审问之，慎思之，明辨之，笃行之。

————《中庸》

《海天旭日图卷》（局部）　［明］佚名

一天一则名言警句·道德卷

胜人者有力，
shèng rén zhě yǒu lì

自胜者强。
zì shèng zhě qiáng

/追本溯源/

知人者智，自知者明。胜人者有力，自胜者强。

——《老子》

/品思解读/

可以战胜别人，说明这个人很有力量；能改正自身的缺点，那才是真正的强大。想要胜过别人，可以通过天生的力量或者是外力帮助来达成；想要战胜自己则没有退路，需要依靠自己的意志。意志不随外物变迁而削弱，所以"强"。

/写作运用/

写作主题：信念　自强　自我挑战

写作示范：我知道我现在的水平一般，可是"胜人者有力，自胜者强"，我又何必灰心？就算战胜不了别人，我也可以先和自己比啊！追光的人，总有一天会绽放光芒。只要我每天都比昨天的自己更强大，总有一天我也会让大家以我为荣。

胜 人 者 有 力， 自 胜 者 强。

古代大力士的力气有多大？

古代知名的大力士有很多，例如大家比较熟悉的能举起千斤鼎的西楚霸王项羽。据载，项羽曾经想要拉拢桓楚一起抗秦。桓楚为了测试项羽的实力，让他去举一口千斤重的大鼎。项羽走到鼎前，握住鼎足，大喝一声，大鼎便被举起。

现代的世界举重记录也不过是五百多斤，难道项羽天生力大无穷？原来，秦制的一斤重大约等于现代的半斤重，例如号称"秦鼎之最"的秦代青铜大鼎，它的重量约是424斤。这样也看得出项羽的实力不错，光力气就足以与举重冠军相匹敌了。

史兽鼎　[西周早期]

一天一则名言警句·道德卷

033

bú yuàn tiān　　bù yóu rén
不怨天，不尤人。

/追本溯源/

不怨天，不尤人，下学而上达，知我者其天乎！

——《论语》

/品思解读/

我不埋怨天，也不责备人。孔子不因周游列国不被重用而抱怨老天，也不因没有人真正了解他而责怪别人。面对挫折不自怨自艾，而是更加努力，让自己强大起来，只有这样，才能让你未来的每一步走得更加踏实。

/写作运用/

写作主题：态度　奋斗　谦虚　信念

写作示范：我意识到，犯了错误，不但不承认，还想找借口，这是错上加错。认清了这点后，我及时反思，并作了深刻检讨。认识到错误后，一定要从自身查找原因，对症下药。"不怨天，不尤人"，正是这句格言教会了我面对挫折与困难该如何去做，它就像一盏明灯，在一个又一个漆黑的夜里为我照亮前行的路。

不　怨　天，　不　尤　人。

/日有所得/

为什么孔子的学说在当时不被重用？

春秋末期恰逢中国古代由奴隶社会向封建社会的转变，新兴的地主阶级不断出现，各个国家都在发展军事，研究如何带兵打仗，以及怎样才能增强兵马力量。因此，能立竿见影、快速见效的法家学说，成为各诸侯国的首选。

孔子强调的是教育的重要性。他主张先从思想着手，在全国上下施以仁政，通过10年、20年甚至更长时间的礼乐教化来实现国家的富强。这套理论与当时的社会现实契合度不高，所以没有受到重视。

《三教图》　［明］佚名

项羽乌江自刎的故事

项羽是楚汉之争中叱咤风云的西楚霸王。他勇猛善战，在灭秦过程中所向披靡。

公元前202年，项羽刚打完仗，带着十万楚军绕南路准备回到楚地。就在此时，汉军趁机反攻。项羽军败，退到壁垒坚守，刘邦的几十万大军将他们重重包围。于是，项羽率领八百骑兵趁夜突围。天亮后，汉军得知项羽突围，派遣了五千名骑兵追击。

等项羽跑到东城的一座山上，他身边只剩下二十八名骑兵，而追击的汉军还有数千人。项羽知道不能脱身，就对部下说："我从起兵到现在已经八年，经历了七十多场战争，从来没有失败过，所以才称霸天下。现在被困在这里，不是我不会打仗，而是天要亡我。今日是要决一死战了。我要为大家痛快地一战，定要胜利三次，为各位击破包围，斩杀汉将，让各位知道这是天要亡我，不是我不会打仗。"

项羽把骑兵分为四队，分散向山下冲，并约定在山的东面会合。项羽率先冲下山，斩杀了一名汉将。一时间，汉军溃败逃散。原来追击项羽的赤泉侯杨喜也慑于项羽之威，惊慌之下竟倒退好几里。项羽也趁机和自己的骑兵会合。此时回过神来的汉军又开始包围，项羽再度飞驰而出，又斩杀了一名汉将。项羽问："怎么样？"骑兵们回答："和大王说的一样。"

项羽跑到乌江，遇见乌江亭长。亭长劝项羽回到江东以待东山再起，但项羽表示无颜见江东父老，拒绝了亭长。项羽下马，又杀了汉兵几百人，然后就自刎了。

一、西楚霸王项羽的故事让人感慨，有人认为他的胸襟不够宽广，也有人为他惋惜。请你用本周学到的名言警句，扮演乌江亭长对项羽说一番话吧。

二、下面的表格里有一些关于项羽的典故名称，试着从中找出来。

乌	四	鸿	霸	破	四
江	姬	王	门	面	锦
锦	别	夜	楚	宴	破
姬	衣	歌	霸	王	釜
鸿	图	夜	深	人	沉
克	己	慎	行	千	舟

_____

_____

一

kè qín yú bāng
克勤于邦，
kè jiǎn yú jiā
克俭于家。

/追本溯源/

克勤于邦，克俭于家，不自满假，惟汝贤。

——《尚书》

/品思解读/

在国家事业上要勤劳，在家庭生活中要节俭。这句话本身是表扬大禹治水有功，称赞大禹之贤。古人认为能否克勤克俭，关系到国家存亡。在物质丰富的现代社会中，我们可以享受生活，但前提是不铺张浪费，要对自然资源抱有敬畏之心。

/写作运用/

写作主题： 节俭 勤奋 美德 自律

写作示范： 爷爷看我还不理解，向我解释说："别看这好像节约不了多少水，但是克勤于邦，克俭于家，如果大家都能节约一点，那么积少成多，聚沙成塔，数量就很可观了。"我认识到，国家的富强和发展离不开这些看似细微的行为。

克勤于邦，克俭于家。

大禹治水为何让舜帝赞不绝口？

传说，远古时期，黄河中下游的大片地区常有洪水灾害肆虐。舜帝命令禹负责治水。大禹改善了父亲鲧的治水策略，按照水自高向低流的自然趋势，顺着地势把堵塞的川流疏通，把洪水引进疏通的河道、湖泊或低洼，随后合通四海，用13年时间解决了水患。

水患的解决使得中原、华北、江淮地区的众多河道不再淹没附近的农田，为灌溉农田创造了有利条件，使农耕文明得到了稳定、快速的发展。

《大禹治水图》（局部） ［唐］佚名

二

居安思危，
jū ān sī wēi

戒奢以俭。
jiè shē yǐ jiǎn

|追本溯源|

不念居安思危，戒奢以俭，德不处其厚，情不胜其欲，斯亦伐根以求木茂，塞源而欲流长者也。

——《谏太宗十思疏》

|品思解读|

在和平的环境就要想到隐藏的危机，倡导节俭来反对奢侈浪费。有人形象地说，身处安逸环境、缺乏危机意识的人就如同被温水煮着的青蛙，刚开始只当是"泡温泉"，慢慢就放松了警惕，一旦危机来临，就像温泉变成沸水，那时候再想逃脱已经来不及了。

|写作运用|

写作主题： 反省　自制力　美德　节俭

写作示范： 树在还是树苗的时候就不停地向深处扎根，汲取养分，因为它知道只有根扎得牢才能顶得住暴雨狂风。假使各朝代的统治者都能懂得"居安思危，戒奢以俭"的道理，就不会有那么多亡国的悲剧了。

居 安 思 危 ， 戒 奢 以 俭 。

写给皇帝的"座右铭"

《谏太宗十思疏》是魏征于贞观十一年（637年）写给唐太宗的奏章。由于国家常年平安无事，唐太宗逐渐骄奢忘本，大修庙宇宫殿，劳民伤财。魏征对此十分忧虑，一连写下了好几篇奏章（含《谏太宗十思疏》）劝谏他要居安思危、戒奢以俭、积其德义。

唐太宗看后猛然警醒，《谏太宗十思疏》被他放在案头，方便阅读。后来，宋、明、清三代的一些君主也经常阅读这篇奏疏，用以规诫自己。《旧唐书》对当时呈上的四篇章疏给出了"可为万代王者法"的评价。

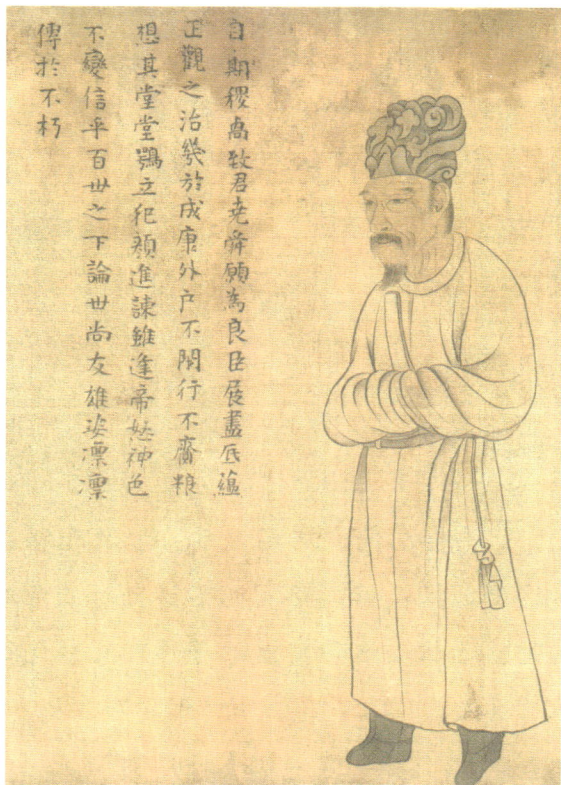

《八相图·魏征》

［宋］佚名

一天一则名言警句·道德卷

041

三

yóu jiǎn rù shē yì   yóu shē rù jiǎn nán
由俭入奢易，由奢入俭难。

/追本溯源/

吾今日之俸，虽举家锦衣玉食，何患不能？顾人之常情，由俭入奢易，由奢入俭难。

——《训俭示康》

/品思解读/

从节俭到奢侈很容易，从奢侈再回到节俭却非常困难。处在新时代的我们一直过着相对富足的生活，在这样的条件下，我们依然要养成良好的生活习惯，节约资源，利国利己。节俭的生活习惯需要长期坚持，一旦丢弃，很难找回，所以，我们要时刻牢记发扬勤俭节约的传统美德。

/写作运用/

写作主题： 坚持　节俭　道德　人生价值

写作示范： 到宾馆后，母亲看到周围的环境，开始向父亲抱怨这里装修不好，空间也不够大。父亲却说："当年我们刚来上海的时候也住过这种宾馆，那时可没感觉到什么不舒服。"母亲感慨："真是由俭入奢易，由奢入俭难啊！"

家 训

　　司马光生活的年代，社会生活日益奢侈浮华，人们竞相讲排场、比阔气。司马光感到忧虑，他深知这种社会风气会腐蚀年轻人的思想，所以特意为儿子司马康撰写了家训《训俭示康》。

　　文中，司马光先以自身经历现身说法，又举了几位大贤的例子来加以论证，其中就有北宋丞相李文靖公（名沆，文靖为其谥号）的例子。李沆曾表示说：以自己的收入，全家锦衣玉食并不难，但他不敢保证自己家族的生活永久不变。只有养成节俭的家风，才能在未来的各种变动中使家族得以延续。

《司马光归隐图》　　［明］佚名

一天一则名言警句·道德卷

君子坦荡荡，小人长戚戚。

jūn zǐ tǎn dàng dàng，
xiǎo rén cháng qī qī

/追本溯源/

子曰："君子坦荡荡，小人长戚戚。"

——《论语》

/品思解读/

君子光明磊落，心胸坦荡；小人则斤斤计较，患得患失。造成这样的原因是他们所追求的不同——君子讲求道义，小人追名逐利。君子行事正派所以问心无愧，欣然自得；小人经常感到忧愁，永远得不到满足。君子用开阔的胸襟升华自我的价值，小人却在欲望的漩涡里越陷越深。

/写作运用/

> **写作主题：**胸襟　修养　心态　宽容
>
> **写作示范：**尽管对方一直刁难他，他依然一点儿也不生气，还帮对方解决了问题。或许就是因为他胸怀宽广，大家才那么乐意和他交朋友吧！君子坦荡荡，小人长戚戚。要是他斤斤计较，又怎能和大家相处得那么和睦呢？

君子坦荡荡，小人长戚戚。

手持武器的"小人"

　　"小人长戚戚"的"戚"，本意是古代的一种武器，像一把大斧子。而"戚戚"，你可以把它想象成一个人手持武器进行防卫甚至准备进攻的样子。

　　小人经常批评别人，容不得别人说自己不好。他们只爱听恭维的话，不能虚心接受别人的建议。小人心中清楚，自己的所作所为令人不齿，所以他总是心虚，害怕被指责。联系"戚"的意思，一个经常满脸忧惧，时刻举着一把斧头样式的武器的"小人"形象，你想象到了吗？

玉戚　［清］

一天一则名言警句·道德卷

恻隐之心，
cè yǐn zhī xīn

仁之端也。
rén zhī duān yě

/追本溯源/

恻隐之心，仁之端也；羞恶之心，义之端也；辞让之心，礼之端也；是非之心，智之端也。

——《孟子》

/品思解读/

恻隐之心指同情心，有恻隐之心就是施行仁的开始。一个人如果能够与别人共情，那么就能体会到别人的痛苦与快乐，就能设身处地去为别人考虑。同情心是人与人之间进行情感交流的前提，以此为基础，又衍生出了各种道德感。

/写作运用/

写作主题： 同情 善良 道德

写作示范： 每个人都有同情心，正所谓恻隐之心，仁之端也。但对于那些欺骗他人钱财的"乞丐"，如果我们把同情心给了他们，只能助长他们好吃懒做的行为。我们的善意，只有对那些真正需要帮助的人才有意义。

恻隐之心，仁之端也。

孟子学说中的"四端之心"

"四端"说是孟子思想的重要内容，孟子的性善论、仁义论、仁政论等都与"四端"说有关。可以说，"四端"说的提出标志着孟子思想的成熟。

孟子认为恻隐、羞恶、辞让、是非这四种情感是仁、义、礼、智的萌芽，因此称作"四端"。在"四端"当中，恻隐之心是最基础的，是仁爱的开端，而羞恶之心、辞让之心、是非之心都是在恻隐之心的基础上生发出来的。

到了西汉时期，儒学家董仲舒将它扩充为"仁、义、礼、智、信"，成为后来大家耳熟能详的儒家"五常"。

《至圣先贤半身像册·孟轲》　[元]佚名

一天一则名言警句·道德卷

047

祁黄羊去私

有一天，晋平公问祁黄羊："南阳缺个地方官，谁担任合适？"祁黄羊说："解狐可以胜任。"平公说："解狐不是你的仇人吗？"祁黄羊回答说："您问谁适合，不是问我的仇人是谁。"平公就任用了解狐。都城的人都称赞这一任命。

过了一段时间，平公又问祁黄羊："国家少个掌管军事的官，谁担任合适？"祁黄羊答道："祁午合适。"平公说："祁午不是你的儿子吗？"祁黄羊回答说："您问谁适合，不是问我的儿子是谁。"平公任用了祁午。都城的人又一致称赞这一任命。

祁黄羊没有因为个人感情就去排挤自己的仇人，也不因为避嫌就特意避开自己的儿子。这些行为体现了祁黄羊坦荡荡的君子气概。

齐王舍牛

有一天，齐宣王看见仆役牵着一头牛从堂下经过。齐宣王问："你把牛牵到哪儿去？"仆役回答道："牵去杀了，把它的血涂在祭祀用的钟上，用它的肉作为祭礼。"

齐宣王看到那头牛似乎在发抖，很怜悯它，说："放了它吧。我不忍心看到它那恐惧颤抖的可怜样子，就好像一个没有罪过的人被无辜地押上刑场一样。"仆役询问："那祭礼还要不要举行呢？"齐宣王说："祭礼怎么能废除呢？用一只羊来换下这头牛吧。"

这个故事出自《孟子》，意在说明帝王对臣民应怀有恻隐之心。

学以致用

一、请根据孟子的"四端之心"学说，将品德与情感源头连起来。

恻隐   智

辞让   仁

是非   义

羞恶   礼

二、请补充下列空格的内容。

1. 居 ▢▢ 思 ▢▢ ，戒 ▢▢ 以 ▢▢ 。

2. 由 ▢▢ 入 ▢▢ 易，由 ▢▢ 入 ▢▢ 难。

3. 克 ▢▢ 于邦，克 ▢▢ 于家。

三、请选择"素材天地"的一则故事，找到相契合的名言警句并写一段你的读后感。

一天一则名言警句·道德卷

049

人有耻，

rén yǒu chǐ

zé néng yǒu suǒ bù wéi

则能有所不为。

/追本溯源/

孟子曰："耻之于人大矣。"耻便是羞恶之心。人有耻，则能有所不为。

——《朱子语类》

/品思解读/

羞耻之心对人来说很重要。一个人有了羞耻心，才能坚守内心的底线，不去做那些不该做的事；如果没有羞耻心，其心理的发展必然是不健全的，在将来也难有大的作为。

/写作运用/

写作主题：知耻　道德　自省　人生价值

写作示范：他们受了惩罚，很不服气，觉得这是小题大做了。而且，他们还大言不惭地表示这点小错，多犯几次又如何？这些人可真没有羞耻心呐！人有耻，则能有所不为。但凡为自己的错误感到一点点羞愧，他们也不会屡屡犯错，还不思悔改。

人 有 耻 ， 则 能 有 所 不 为 。

"耻"这个字是怎么来的？

"耻"字中的"耳"指听觉器官，"止"为停止、止息。如果一个人的耳朵再也听不进别人的话，做什么都一意孤行，那这个人离"耻"就不远了。

"耻"这个字在古代也写作"恥"，由"耳"和"心"组成——耳听批评，内心羞愧。在古人看来，耳朵和良心都是敏感的器官，能分辨是非。人都有知耻之心，所以当心生羞愧时就会面红耳赤。后来，"耻"字成为常用的字，而"恥"作为"耻"的异体字，使用的频率渐渐降低，后来不再使用。

耻

小　篆

耻 恥

隶　书

耻

楷　书

一天一则名言警句·道德卷

051

二

rén gù yǒu yì sǐ

人固有一死，

huò zhòng yú tài shān　　huò qīng yú hóng máo

或重于泰山，或轻于鸿毛。

/追本溯源/

人固有一死，死或重于泰山，或轻于鸿毛，用之所趣异也。

——《报任安书》

/品思解读/

人本来就有一死，但死的价值不同，有的人的死比泰山还重，有的人的死却比鸿毛还轻。为了正义的事业而死就比泰山还重，而那些自私自利、损人利己之人的死就比鸿毛还轻。

/写作运用/

写作主题：人生价值　奉献　生死　意义

写作示范：一个人的一生，就是不断地寻找价值、实现价值的过程。司马迁有云："人固有一死，或重于泰山，或轻于鸿毛。"如果一个人活着没有创造任何价值，那他的生命就失去了意义。我们要向先贤看齐，学习他们的奋斗精神，从生活点滴小事做起，热心助人，奉献爱心，找到自身的价值，实现自身的价值，做有价值的人。

人固有一死，或重于泰山，或轻于鸿毛。

/日有所得/

为什么岳父被称为"泰山"？

古代的帝王在绝顶上设坛祭祀山川大地，并晋封百官公侯，称之为"封禅"。据载，有一次，唐玄宗李隆基在泰山山顶"封禅"，"封禅使"张项利用这次机会把他的女婿郑镒（yì）由九品晋升到了五品官。后来李隆基问到此事，郑镒无言以对，一旁的大臣嘲讽道："此乃泰山之力也！"泰山因此有了"岳父"的意思。几天之后，唐玄宗就把郑镒降到原来的九品官职。

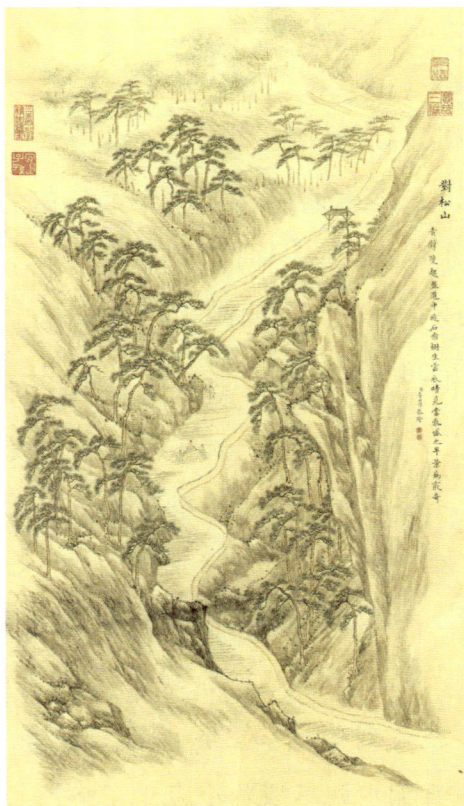

《对松山图轴》（局部）

［清］李世倬

这幅图画的是泰山山腰。图上有文："青壁双起，盘道中旋，石齿树生，云衣晴见，当泰岱之半，景为最奇。"

一天一则名言警句·道德卷

三

路遥知马力，
日久见人心。
lù yáo zhī mǎ lì
rì jiǔ jiàn rén xīn

/追本溯源/

则愿得姐姐长命富贵，若有些好歹，我少不得报答姐姐之恩，可不道：路遥知马力，日久见人心。

——《争报恩》

/品思解读/

路途遥远，才能知道马的力气大小；经历的事情多了，时间长了，才可以识别人心的善恶好歹。与人交往时，从短暂的相处中我们所看到的十分有限，相处久了才能了解更多，时间会为我们筛选出真正的朋友。

/写作运用/

> **写作主题：** 道德　相处　心灵　忍耐
> **写作示范：** 小猫，刚来我家时你是那么乖巧，可是路遥知马力，日久见人心，现在才发现原来你是个捣蛋鬼！每次我放学回来就看到你把家里弄得乱七八糟，还总是试图霸占我的床。哼，下次再调皮就不喂你小鱼干了噢！

路遥知马力，日久见人心。

路遥和马力

古代就有伯乐与千里马的故事，其中的伯乐以擅长发现千里马闻名。

千里马不易被人发现。人们常将千里马当成普通马匹对待，吃的东西也是按照普通马匹的分量配给。但是千里马因为能力卓越，饭量也比较大，普通马匹的食量根本不够，久而久之，千里马的表现便会和普通马差不多，甚至可能还不如普通马。

"路遥"只能帮大家筛选出那些"劣等马"，而"马力"就和人心一样，需要用心接触才能了解。

《调良图》 ［元］赵孟頫

一天一则名言警句·道德卷

四

gǒu rì xīn   rì rì xīn   yòu rì xīn

苟日新，日日新，又日新。

/追本溯源/

汤之盘铭曰："苟日新，日日新，又日新。"《康诰》曰："作新民。"《诗》曰："周虽旧邦，其命惟新。"是故君子无所不用其极。

——《大学》

/品思解读/

如果能够做到一天新，就应保持天天新，新了还要更新。古时还有"儒有澡身而浴德"的说法，清洁身体，修身养性，由此可见思想上的更新对人们来说是非常重要的，"苟日新，日日新，又日新"强调的就是及时反省和不断革新。

/写作运用/

写作主题：创新　自律　品性　奋斗

写作示范：当今世界，科技突飞猛进，知识更新的速度快得惊人。国与国之间的竞争，归根结底要落到人才的竞争。如果我们不能培养出具有创新精神的人才，那么社会也就不能"苟日新，日日新，又日新"。更新陷入了停滞，又何谈发展国力呢？

苟　日　新　,　日　日　新　,　又　日

新　。

古人洗澡趣谈

古时候，人们没有现代的淋浴设备，洗澡的步骤比较烦琐。在古代，比较理想的洗澡方式是在大浴盆里沐水而洗，但百姓家里一般并没有浴室，也没有大木桶，就只能烧好水，再拿布擦洗身子。洗澡既费水又费柴，所以百姓大多只在重要的日子才洗澡。

那达官贵人们又是如何洗澡的呢？在汉朝，皇帝就定下了每五天放一次假的"休浴"，专门让大臣回家沐浴洗澡。可见，这洗澡在古代确实不是一件容易的事。

一天一则名言警句·道德卷

《浴婴仕女图》（局部）　［宋］佚名

057

五

qiān mó wàn jī hái jiān jìng
千磨万击还坚劲，
rèn ěr dōng xī nán běi fēng
任尔东西南北风。

/追本溯源/

咬定青山不放松，立根原在破岩中。千磨万击还坚劲，任尔东西南北风。

——《竹石》

/品思解读/

经历无数磨难和打击，它的身形仍然坚劲，任凭东西南北风如何刮起。这是清代著名书画家郑板桥为他的竹石画所题的一首诗。它既赞扬了岩竹那顽强而又执着的品质，又表达自己坚守立场、绝不随波逐流的高尚情操。我们也要像岩竹一样，坚守自己的志向，不受外界的影响。

/写作运用/

写作主题：坚韧　修身　立场　情操　风骨

写作示范：在学习中，我们要有"千磨万击还坚劲，任尔东西南北风"的毅力，不被困难吓倒，不纠结于一次考试的分数，患得患失，而应该坚定信心，攻坚克难，查找不足。只有坚定心志，才能从容面对考验。

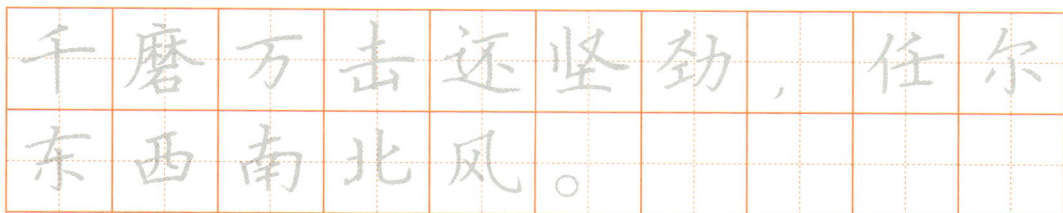

千磨万击还坚劲，任尔东西南北风。

|日有所得|

竹子的象征意义

在古代，人们喜欢用植物来比喻人。在古诗词中，竹就是最常见的意象之一。诗人一般会用竹子来比喻君子或自喻，因为君子坚持自我，刚正不阿，就像竹子一样。另外，竹子还经常被视为长寿的象征。而竹子从发芽开始，就一直是翠绿的颜色，看起来具有简约之美，所以它还象征着淡泊高雅。

《竹石图》 ［清］郑板桥

五岳浅谈

五岳，是中华传统文化中五大名山的总称，分别是东岳泰山（在今山东）、西岳华山（在今陕西）、南岳衡山（在今湖南）、北岳恒山（在今山西）、中岳嵩山（在今河南）。

泰山，素有"五岳之首""天下第一山"之誉。古人认为泰山是沟通天地的神山，帝王只有在泰山封禅，祭天祭地才算受命于天。自秦始皇起，先后有十几位帝王亲登泰山封禅。

衡山，山体主要由祝融峰、岳麓山等组成。山神是中国古神话中的火神祝融，祝融峰是衡山的最高峰。衡山别名南岳、寿岳，一般认为"福如东海，寿比南山"中的"南山"就是指衡山。

华山，有说中华之"华"源于华山，因此华山又被称为"华夏之根"。传说大禹治水时，被华山拦住了去路。大禹请来巨灵神，将华山掰成两半，高的叫太华山，低的叫少华山。

恒山，被誉为"北国万山之宗主"，也是历代兵家必争之地。山间河谷处的倒马关、紫荆关、雁门关等都是塞外通向太原的咽喉要冲。

嵩山，由太室山和少室山等组成，是佛教、道教名山。嵩山少林寺非常有名，嵩阳书院是北宋四大书院之一。

中国的名山不少，而这五座山被尊为"岳"，也是因为它们都位于我们的祖先最早定居、繁衍生息的地方。

学以致用

一、古典诗词中，各种花皆有其"性格"。试着为下面的花写出它们的"性格"。

莲花 _____   菊花 _____

牡丹 _____   梅花 _____

二、请根据图示将五岳的名字填写在正确的位置。

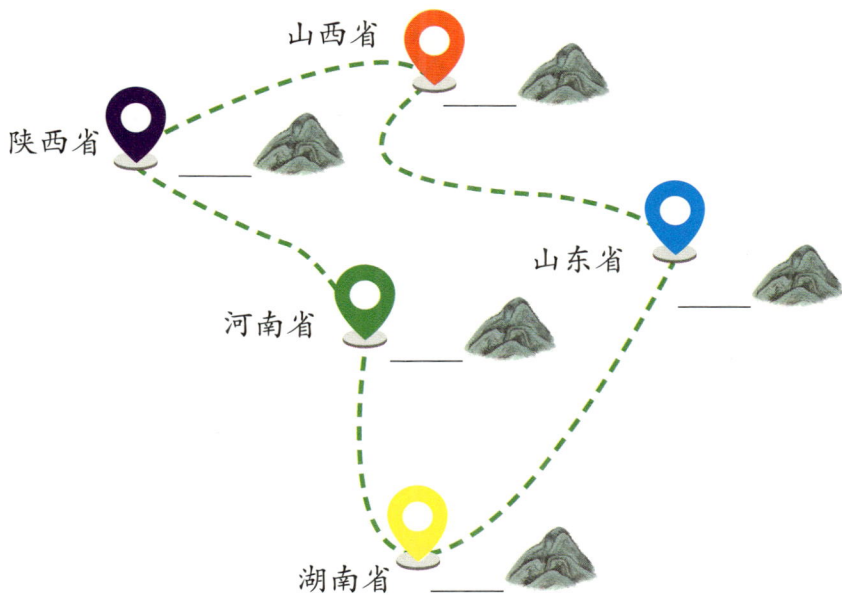

山西省 _____

陕西省 _____

河南省 _____

山东省 _____

湖南省 _____

三、结合你的生活，试着用"路遥知马力，日久见人心"写一段话。

静以修身，
俭以养德。

jìng yǐ xiū shēn

jiǎn yǐ yǎng dé

/追本溯源/

夫君子之行，静以修身，俭以养德，非淡泊无以明志，非宁静无以致远。

——《诫子书》

/品思解读/

君子依靠内心安静、精力集中来修养身心，依靠俭朴的作风来培养品德。静的反义词是躁，若内心总是浮躁不安，就没有办法调整好内心状态。只有静，才能更好地修养身心。勤俭节约则是中华民族的传统美德，在日常生活中奉行俭朴的原则，可以陶冶自己高尚的情操。

/写作运用/

写作主题：宁静　节俭　成长　品德

写作示范：在乡下这段时光，我远离了零食、电子设备与各项娱乐。我跟着爷爷去钓鱼，吃着刚摘的蔬菜、水果，内心一片平和，没有一丝浮躁。静以修身，俭以养德，在这份宁静当中，我的心灵得到了抚慰。

静 以 修 身 ， 俭 以 养 德 。

家训的悠久历史

家训，《辞源》的解释是："家训言居家之道，以垂训子孙者。"即家庭长辈对子孙后代的垂诫、训示。

目前已知最早的家训出自周朝的《尚书》，其中的《诫伯禽书》，讲的是周公在其子伯禽前往外地上任前提出了六点训示。

在之后的朝代中，也有西汉《命子迁》、蜀汉《诫子书》、南北朝《颜氏家训》、北宋《诲学说》等家训。这些家训无不以殷切之心，对晚辈加以谆谆教诲。当然，想要形成良好家风，除了文字训示，更重要的是人们的身体力行。

《三顾茅庐图》

［明］戴进

一天一则名言警句·道德卷

huì dāng líng jué dǐng　　yì lǎn zhòng shān xiǎo

会当凌绝顶，一览众山小。

/追本溯源/

岱宗夫如何？齐鲁青未了。造化钟神秀，阴阳割昏晓。

荡胸生曾云，决眦入归鸟。会当凌绝顶，一览众山小。

——《望岳》

/品思解读/

登上泰山的顶峰，俯瞰众山，那么众山就会显得极为渺小。这其中蕴含着只有不怕困难、敢于攀登，才能俯视一切，欣赏到绝美风光的哲理。这两句诗给人巨大的鼓舞，千百年来激励了那些想看到"无限风光"而艰难前行的人们，还启示我们要拓展视野，放大格局。

/写作运用/

写作主题：勇敢　奋斗　人生目标

写作示范：等我登上山顶，一阵清风吹来，像是高山给我的馈赠。会当凌绝顶，一览众山小，连绵不断的山脉已是脚下的点缀，曾经遥不可及的山路也消失在眼前。此时再看风景，已与半山腰时的大不相同。

会当凌绝顶，一览众山小。

|日有所得|

超级爬山客——谢灵运

在古代关于爬山这件事，山水派诗人的鼻祖——南北朝的谢灵运值得一提。他酷爱登山，特别爱爬险峻的山峰。为防止山路打滑，谢灵运还发明了一种活络木屐（人称"谢公屐"）。据载，这种木屐前后都有可活动的钉子，上山时取下木屐的前齿，下山时取下木屐的后齿，就可以在陡峭的山林中行走时保持重心平衡。

《庐山观莲图》　　［清］上官周

这幅图描绘了东晋僧人慧远于庐山结白莲社，与当时高僧贤士、社会名流交往的故事。图中文人，丰颐长髯，左手执如意端坐观莲。

一天一则名言警句·道德卷

065

三

bú wèi fú yún zhē wàng yǎn
不畏浮云遮望眼，
zì yuán shēn zài zuì gāo céng
自缘身在最高层。

/追本溯源/

飞来山上千寻塔，闻说鸡鸣见日升。

不畏浮云遮望眼，自缘身在最高层。

——《登飞来峰》

/品思解读/

攀登的路上，有浮云遮目也只因为人站得不够高。当攀登到高处时，自然就没有什么阻碍了。回首过往，所有的计较都变得不值一提，付出终有回报。这句话也提醒我们透过现象去看本质，看待事物应全面、客观，不要被一时的假象迷惑。

/写作运用/

写作主题： 初心　人生追求　奋斗　坚定

写作示范： 当王安石说出"不畏浮云遮望眼，自缘身在最高层"时，他还没有当上宰相，他能预测到自己的未来吗？他应该早已立下雄心壮志，认定了"最高层"的目标，为了"不畏浮云"必定会一步步登上高峰。

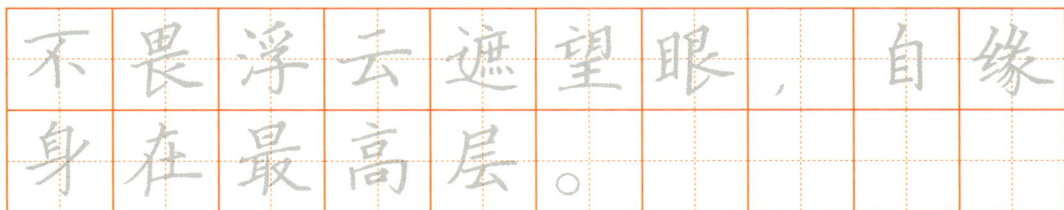

不畏浮云遮望眼，自缘
身在最高层。

宰相是什么职位？

宰相是对中国古代封建王朝君主之下的最高行政长官的通称或俗称，并非具体的官名。以下是曾任这一职位的名人：

春秋时期：（齐国）相国——管仲

秦朝：左丞相——李斯

西汉：相国——萧何

蜀汉：丞相——诸葛亮

唐朝：内史（中书令）——狄仁杰

北宋：尚书左仆射——王安石

元朝：中书令——耶律楚材

清朝：体仁阁大学士——曾国藩

《诸葛亮像》（局部）

［元］赵孟頫（存疑）

一天一则名言警句·道德卷

四

gōng xíng jūn zǐ   zé wú wèi zhī yǒu dé

躬行君子，则吾未之有得。

/追本溯源/

文，莫吾犹人也。躬行君子，则吾未之有得。

——《论语》

/品思解读/

"做一个身体力行的君子，那我还没有做到。"这是孔子说的话。孔子认为想要提高学识和修养，贵在躬行。虽然个人的道德修养在很大程度上取决于主观思想，但主观思想只有与实践结合起来，才能将个人道德修养加以提高和完善。也只有通过实践，我们才能检验自己掌握的理论是否正确。

/写作运用/

写作主题：实践　行动　求真

写作示范：今年，我的暑期实践活动计划是每天一早赶到这个十字路口去记录交通情况。本来我认为这没什么难的，只要每天早起一会儿，再早点出门就可以。很快，某天晚上我有事耽误了休息，第二天根本没法按时起床。哎！躬行君子，则吾未之有得。孔子尚且如此，我还是多多磨炼吧。

躬 行 君 子 ， 则 吾 未 之 有
得 。

/日有所得/

孔子周游列国

孔子曾经在鲁国担任要职，但因为他的改革触犯了鲁国士大夫的利益，在他们的合力排挤下，孔子无法继续在鲁国得到重用。

"躬行君子，则吾未之有得。"为了找到施展抱负之地，孔子放弃高官位（大司寇），带着他的学生开启了周游列国之旅。历时十四年，他们去过卫、曹、宋、郑、陈、蔡等国。

孔子在周游列国途中，与平民有了更多的接触，也见到了更多的民生疾苦。这些宝贵的经历帮助他完善了儒家学说，也让他的学说中有了更多的仁爱思想。

《孔门弟子像》（局部）　［宋］佚名

jūn zǐ yǒu zhōng shēn zhī yōu
君子有终身之忧。

/追本溯源/

是故君子有终身之忧，无一朝之患也。

——《孟子》

/品思解读/

君子的忧虑会伴随其一生。君子忧道不忧贫，担心达不到舜那样圆满的道德，担心成不了舜那样的圣人，这才是君子一生的忧虑。由于君子不仁的事不做，不符合礼的事也不做，所以即使有短暂的祸患发生，君子也不会放在心上。

/写作运用/

写作主题：坚持　自制　人生追求　生活态度

写作示范：当年，鲁迅在日本留学时，看到清朝一些留学生麻木不仁的一面，受到了巨大的心理冲击。君子有终身之忧，他发现学医只能治疗人的肉体病痛，却治不好人的精神世界。怀着拯救中国人思想的终身之忧，鲁迅先生毅然投身到文学事业当中。

君子有终身之忧。

忧患意识扎根于中华文化

在诸子百家的时代，各家学派的思想中都蕴含着忧患意识。其后，儒家一度成为统治阶级认可的正统思想，忧患意识也随之扎根在传统文化当中。古代士人的忧患意识，主要表现在三个方面：忧国、忧民、忧己。

忧国：对国家的存亡和民族的荣辱充满担忧，例如屈原的《离骚》。

忧民：对家破人亡、居无定所等百姓灾难的担忧，例如张养浩的《潼关怀古》。

忧己：多指人生抱负不得志或是感叹人生苦短，例如王勃的《滕王阁序》。

《屈子行吟图》（局部） ［当代］傅抱石

一天一则名言警句·道德卷

狡兔三窟

战国时期的孟尝君广招人才，据说其门下有上千名食客，其中有一人名叫冯谖。

有一次，孟尝君想让人去封地薛邑收账，冯谖自告奋勇前往。临走之前，他问孟尝君："收的账用来买什么？"孟尝君表示："我家里缺什么你就买什么吧。"

到了薛邑后，冯谖把欠债的人都叫来，当着他们的面把借据全部烧掉，告诉他们不用还债了。百姓以为这是孟尝君的意思，纷纷对此感恩戴德。孟尝君看冯谖这么快就回来了，十分不解地问他买了什么回来。冯谖说："我看你什么都不缺，就给你买了一个'义'字回来。"他把薛邑的情况说给孟尝君听。孟尝君不太高兴，但也没有责备他。

后来，孟尝君被新齐王解除了官职。回到薛邑时，他受到了当地百姓的热烈欢迎。孟尝君转过头看着冯谖，说："先生给我买的'义'，我终于看到了。"冯谖说："狡兔有三窟。现在你只有薛邑这一个洞窟，还是很危险的，让我再给你凿两个洞窟吧！"

冯谖带着马车与黄金来到梁国，向梁王推荐孟尝君。梁王被冯谖的话打动了，让使者去聘请孟尝君。冯谖让孟尝君不要答应。就这样，梁国使者来了三次后，齐王急了，赶紧派人请孟尝君回齐国做相国。

冯谖又献策，让孟尝君向齐王请求把先王传下来的祭器放在薛邑并重建宗庙。等宗庙建好后，因为宗庙内供奉着齐王的先人，薛邑的安全得到了保证。此时，冯谖对孟尝君说："三个洞窟都建成了，你以后可以高枕无忧啦！"

学以致用

一、请在下面的历史名人中找出担任过类似宰相这一职务的人。

岳飞	王安石	和珅
欧阳修	吕不韦	狄仁杰
李斯	苏轼	刘邦
诸葛亮	文天祥	庄子

二、读读诗句，圈出诗句所表达的主题。

谁知盘中餐，粒粒皆辛苦。　　　　　　　（忧国·忧民·忧己）

人生自古谁无死？留取丹心照汗青。　　　（忧国·忧民·忧己）

安得广厦千万间，大庇天下寒士俱欢颜。　（忧国·忧民·忧己）

可怜夜半虚前席，不问苍生问鬼神。　　　（忧国·忧民·忧己）

苟利国家生死以，岂因祸福避趋之。　　　（忧国·忧民·忧己）

三、请查阅资料，试着用上本周学到的名言警句写一段话来表达你对
　　孟尝君的看法。

一

wú rù ér bú zì dé
无入而不自得。

/追本溯源/

素富贵，行乎富贵；素贫贱，行乎贫贱；素夷狄，行乎夷狄；素患难，行乎患难：君子无入而不自得焉。

——《中庸》

/品思解读/

君子无论处于什么情况下都是安然自得的。这至少包括以下两种状态：一种是无论在什么环境下，都处变不惊；另一种则是用平静自得的心态，来应对浮躁不安的世界。无论哪一种都能让自己保持稳定平和的情绪，有条不紊地处理各类事情。

/写作运用/

写作主题： 生活态度　人生追求　责任　心境

写作示范： 看来他还没有习惯现在的处境。无入而不自得，一个人把该出的力出了，该尽的责任尽到了，成功在其中，快乐也在其中。若尽了大的责任，那可以得大快乐；尽了小的责任，那可以得小快乐。可他偏偏要躲，反倒不能体会其中的乐趣了。

无入而不自得。

随遇而安的古人们

"无入而不自得"，这句话说起来容易，做起来困难。要说达到这种境界的，刘禹锡、陶渊明、苏轼等人可算是代表人物。

刘禹锡曾被贬到和州县，当地的知县刁难他，多次强迫他搬家，房子一次比一次小。他为此写下了《陋室铭》，来表达自己安贫乐道的生活态度。

陶渊明在辞官之后过起了田园生活，自己亲自耕种、收获。看不惯官场黑暗，他选择彻底归隐，从而获得了内心的平静。

苏轼本是北宋文坛的领袖，因"乌台诗案"入狱后被贬黄州。他没有自怨自艾，而是对人生的沉浮荣辱保持旷达的态度，并过上了修身养性、怡然自得的生活。

《采菊图》（局部）
[明]唐寅

一天一则名言警句·道德卷

二

chū yū ní ér bù rǎn
出淤泥而不染，

zhuó qīng liàn ér bù yāo
濯清涟而不妖。

/追本溯源/

予独爱莲之出淤泥而不染，濯清涟而不妖，中通外直，不蔓不枝，香远益清，亭亭净植，可远观而不可亵玩焉。

——《爱莲说》

/品思解读/

莲花从污泥中长出来，却不受污染，在清水中洗涤过却不显得妖媚。周敦颐以莲花秀丽的芳姿和可敬而不可轻慢的风范，表达对贪图富贵、追名逐利的鄙弃和对洁身自好的美好情操的追求。君子应同莲花出淤泥而不染一般，在社会上保持自己高洁的品格。

/写作运用/

写作主题：自律　美德　坚持　人生追求

写作示范：站在岸边，莲花亭亭而立，水底是黑色的淤泥。我惊奇地发现，莲叶并没有沾上淤泥。我低头闻了闻，莲花传来了一股淡淡的清香。这不就是"出淤泥而不染，濯清涟而不妖"吗？

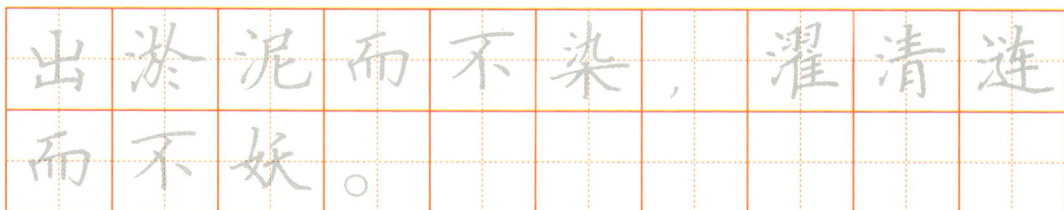

描写莲花的古诗词

荷花，又称莲花、水芙蓉，是君子和气节高雅的象征，被文人墨客所偏爱。让我们一同品读这些歌颂荷花的古诗吧！

荷花娇欲语，愁杀荡舟人。——李白《渌水曲》

荷叶罗裙一色裁，芙蓉向脸两边开。——王昌龄《采莲曲》

绿塘摇滟接星津，轧轧兰桡入白蘋。——温庭筠《莲花》

接天莲叶无穷碧，映日荷花别样红。——杨万里《晓出净慈寺送林子方》

根底藕丝长，花里莲心苦。——辛弃疾《卜算子·为人赋荷花》

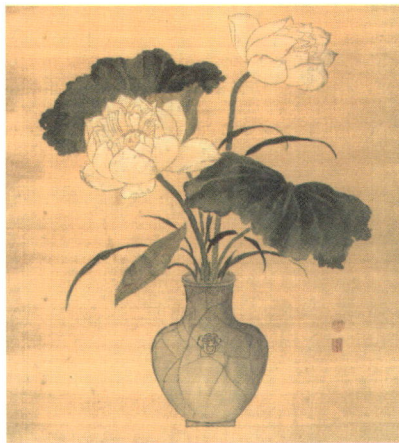

《赐莲图》（局部）　［清］蒋廷锡

三

qing nuò bì guǎ xìn
轻诺必寡信。

/追本溯源/

夫轻诺必寡信，多易必多难。

——《老子》

/品思解读/

轻易许下的承诺，必然缺乏信用。把一件事情想得很容易的话，真正做起来就会有更多的麻烦。我们不要轻易许诺，一旦许诺了就要认真践行。为了保持信义，许诺前要慎重思考，仔细斟酌之后再表明自己的态度。

/写作运用/

写作主题： 诚信　品德　诺言　人际交往

写作示范： 诚信是人获得良好的人际关系、走向成功的基础，而能否实现自己许下的诺言则是一个人是否讲诚信的重要标志。许诺是非常严肃的事情，要知道，轻诺必寡信。对于不应办的事情或办不到的事情千万不能轻率答应。一旦答应，就要尽全力去做到。

轻诺必寡信。

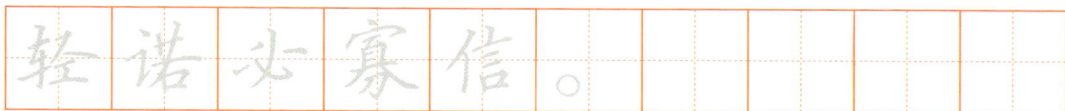

皇帝的诺言——丹书铁券

丹书铁券，也叫金书铁券、免死金牌。最初的丹书铁券是用来记载大臣功绩的。南北朝时政权斗争激烈，为了拉拢人才，统治者将丹书铁券赋予了免死功能，并承诺：只要有此铁券，可免一死！后世纷纷效仿，关于铁券的诺言也越来越夸张，例如增加了"免死"的次数，惠及后代等。

丹书铁券尽管发，有没有用就不好说了。最典型的莫过于明太祖朱元璋，他为了犒劳开国功臣，一共发了三十多块丹书铁券。结果如何呢？大部分获得丹书铁券的人被他以谋反的罪名满门抄斩，期间没有一块铁券发挥作用。

《老子骑牛图》（局部）

［宋］晁补之

一天一则名言警句·道德卷

志不强者，智不达。
言不信者，行不果。

zhì bù qiáng zhě　　zhì bù dá

yán bú xìn zhě　　xíng bù guǒ

|追本溯源|

志不强者，智不达。言不信者，行不果。据财不能以分人者，不足与友；守道不笃，遍物不博，辩是非不察者，不足与游。

——《墨子》

|品思解读|

如果没有坚定的信念和志向，就不能充分发挥出自己的聪明才智；如果一个人总是说话不算数，那么他就不能实现自己的梦想。我们要磨炼自己的意志，坚定自己的决心，成为说到做到的人，不要做语言上的巨人，行动上的矮子。

|写作运用|

写作主题： 自律　守信　立志　人生态度

写作示范： 大文豪巴尔扎克将自律发挥到了极致。他在创作时，会将写作需要的所有东西都放于桌案，以达到全神贯注的写作状态。写完之后，他又立马修改之前的返稿，每天周而复始。志不强者，智不达，他的高度自律成就了他辉煌的作品。

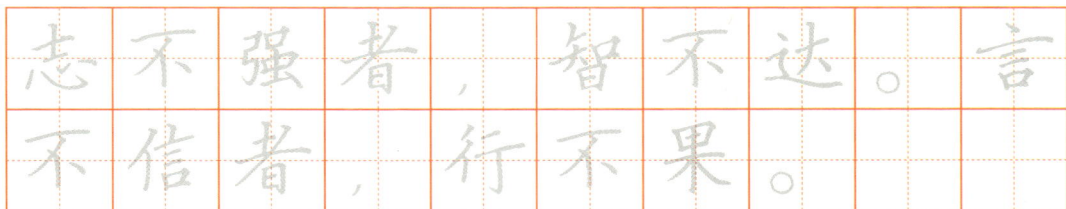

志不强者，智不达。言
不信者，行不果。

/日有所得/

墨家修炼手册

墨子是墨家学派的创始人，也是一名大教育家。他重视实践，认为学习的目的在于行动。

在实际教学上，墨子不只教授道德与政治，还强调技能教育，包括农学、手工学、机械学、建筑学、商业学、军事学等诸多方面。目的是让学生能在实践中得到磨炼，并掌握一种谋生的技能。

此外，他还倡导"学必量力"的教学原则，认为学生应该根据自己的特长专攻一科，这样容易取得成功。墨子用具体行为诠释了他的教育理念，他的教学模式可行性极强，不会培养出只懂背书而不懂实践的书呆子。

一天一则名言警句·道德卷

双环柄首短剑　[春秋战国时期]

五

<ruby>儒<rt>rú</rt></ruby> <ruby>有<rt>yǒu</rt></ruby> <ruby>不<rt>bù</rt></ruby> <ruby>宝<rt>bǎo</rt></ruby> <ruby>金<rt>jīn</rt></ruby> <ruby>玉<rt>yù</rt></ruby>，
<ruby>而<rt>ér</rt></ruby> <ruby>忠<rt>zhōng</rt></ruby> <ruby>信<rt>xìn</rt></ruby> <ruby>以<rt>yǐ</rt></ruby> <ruby>为<rt>wéi</rt></ruby> <ruby>宝<rt>bǎo</rt></ruby>。

/追本溯源/

　　儒有不宝金玉，而忠信以为宝；不祈土地，立义以为土地；不祈多积，多文以为富；难得而易禄也，易禄而难畜也。

——《礼记》

/品思解读/

　　对一个儒者来说，金银玉帛不能算作宝贝，真正的宝贝是忠信的品质。春秋战国，战争频起，可以想见，对于四处游走的儒者来说，金银玉帛既不方便携带，又有被抢夺之忧。而忠信的品质，却可以提升他们的名声和影响力，所以是他们看重之物。

/写作运用/

写作主题：诚信　忠诚　品德　人生追求

写作示范：发现老板多找给我零钱后，我一开始很开心，想着可以拿这钱买零食吃。可当我回想起老板忙碌的身影、热情的微笑时，心中的贪念瞬间消失。儒有不宝金玉，而忠信以为宝，倘若我选择了贪心，那就是为这点钱而失掉了诚信。

儒 有 不 宝 金 玉 ， 而 忠 信
以 为 宝 。

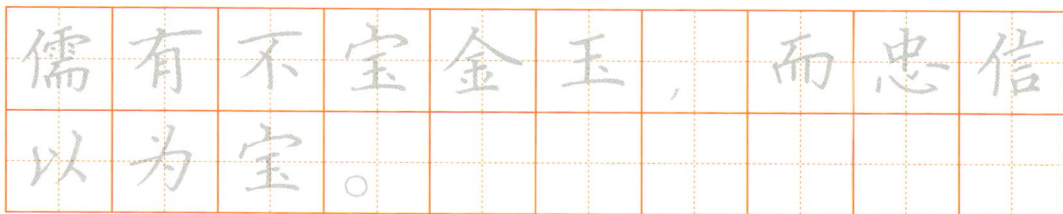

古代的黄金和珠玉可以作为货币吗？

《管子》里记载："珠玉为上币，黄金为中币，刀布为下币。"这是管仲在回答齐桓公时，所提到的关于周朝货币的话，可见黄金和珠玉在周朝都可作为货币。

秦始皇统一六国后，铜钱成了主要的市场流通货币。元朝因铜钱不便于制造与携带，将纸币定为法定货币。明清时期，逐渐将白银作为主要的法定货币。

可见，货币的形态随着历史进程不断演变。黄金由于产量少，渐渐地退出了主要流通领域。而珠玉也因为定价困难，后来逐渐作为装饰品、收藏品等存在。

一天一则名言警句·道德卷

玉兽 ［汉］

孔子师项橐

据说，孔子听说东南的海边有一座纪障城，那里的百姓淳朴而博学，于是便计划到那里去，了解当地的民情，领悟他们的智慧。

到了那里之后，孔子看见一个农夫在锄地，便开玩笑地问："请问您锄地每天锄头要抬起来多少次？"突然，远处跑过来一个名叫项橐（tuó）的孩子，他说："我父亲年年种地，当然知道锄头每天要抬起来多少次了。您出门乘马车，也一定知道马蹄每天要抬起来多少次吧？"

孔子觉得这个孩子聪明，就下车和他聊了起来："你很聪明，不如我们来比试一下。你我各出一道题，谁要是赢了谁就当对方的老师。"孩子说："您是老人家，不会是开玩笑吧？"孔子说："保证童叟无欺。"

孔子先提问："你能算出天上有多少星辰，地上有多少五谷吗？"孩子回答："天高地广不可丈量。天上的星辰有一天一夜，地上的五谷有一年一茬。"孔子十分震惊，因为他找不出这个回答的毛病。接着，轮到孩子提问了："请问人有多少根眉毛？"孔子回答不上来。

按照刚才的约定，孔子设案行礼，向这名 7 岁的小孩正式拜师。后世也有了"项橐三难孔夫子""昔仲尼，师项橐"的传说，还衍生了"君子之约""童叟无欺"等词语。

以致用

一、判断下列说法是否正确，正确的打"√"，错误的打"×"。

1. 古代的珠玉常拿来做货币，以克重作为价值判断。　　（　　）

2. 黄金在古代多是皇家使用，市面上很少见。　　（　　）

3. 墨家重视实践，认为学习的目的在于落实。　　（　　）

二、将下面这篇文章补充完整，用上本周学到的名言警句，写出你的感受和体会。

　　诚信是成功人生的通行证。例如孔子的学生曾子，他的妻子为了赶集方便，就哄孩子说："你安静在家等着，等我回来就杀猪给你吃。"曾子知道后，为了教育孩子要以诚信待人，就真的把家里的猪杀了。

		俗	话	说	：												

　　让我们从小事做起，一起培育诚信的种子，共同创造美好的未来。

一天一则名言警句·道德卷

085

一

rén bèi xìn zé míng bù dá

人倍信则名不达。

|追本溯源|

水倍源则川竭，人倍信则名不达。

——《说苑》

|品思解读|

我们为人处世应该讲诚信。就好像山川失去了水源之后就会枯竭一样，人没有了诚信，其名声也会无法维持，更无法显达。人们之所以要坚守信用而不做有损信用的事，是因为诚信就像名声的源泉。只有守护好这股源泉，才能维护好自己的形象。

|写作运用|

写作主题： 诚信　品德　名誉　人生价值

写作示范： 古人云："人倍信则名不达。"诚信，乃一个人立世之本。对他人而言，诚信会给你带来好名声，人们了解了你的诚信，便会从内心信任你、亲近你，因而你会更容易结识挚友。对自己而言，诚信会督促你增强责任感，变得自律、沉稳，做事情更容易获得成功。

人 倍 信 则 名 不 达 。

古籍的官方管理者——刘向父子

春秋战国时期，诸多流派的著作纷纷问世。然而，因为长年战乱以及伪作、抄错、掉字等现象，书籍真伪往往难以区分。到了秦朝，焚书坑儒更是让古籍损失严重。

汉朝时，汉武帝下诏广收天下书籍。经过多年收集，藏本已颇具规模，可藏书版本混杂，需要仔细甄别。于是，刘向担起了这项重任，负责校理藏书近20年。他离世后，由他的儿子刘歆继续负责整理。

如今我们看到的古籍（指西汉以前），大都是经过了刘向父子的"认证"，甚至有些书籍的篇章、文字与书名都是他们校定的。

玉骆驼 ［汉］

一天一则名言警句·道德卷

ruò yǒu rén xī tiān yì fāng

若有人兮天一方，

zhōng wéi yī xī xìn wéi cháng

忠为衣兮信为裳。

|追本溯源|

若有人兮天一方，忠为衣兮信为裳。

餐白玉兮饮琼芳，心思荃兮路阻长。

——《中和乐九章·总歌第九》

|品思解读|

只要你的心中有对方，即使天各一方，距离漫长，也能用忠诚与诚信架筑彼此的友谊桥梁。忠信就像是人身上穿着的衣裳，有了忠信的品质就能与别人和谐相处，并建立起深厚的友谊。

|写作运用|

写作主题：诚信　友谊　忠诚　人际交往

写作示范：叔叔的公司也受邀参加了本届晚会，与其他优秀企业共同发起了诚信自律宣言。忠为衣兮信为裳，经营企业就和做人一样，要以真心、诚意为顾客服务。叔叔的公司正是因为多年以来的诚信经营，立下了口碑，才有了这次登台亮相的机会。

若有人兮天一方，忠为
衣兮信为裳。

古代的"衣"和"裳"有何区别？

"上衣下裳"是我国古代的一种服饰制度，衣指的是上衣，裳指的是下衣。据考证，这种衣服形制早在商代就已经形成，是我国最早的服装形制之一。

"衣"是包裹上半身的衣服，和现代大体相同。最早的"裳"大多指各种样式的裙子。

除了"上衣下裳"，春秋战国时期也出现了名为"深衣"的服饰。它将衣与裳合二为一，着装者全身上下都被深衣包裹，和现在的连衣裙、旗袍之类的衣服有相似之处。

《簪花仕女图》（局部）　［唐］周昉

三

yú wéi bù shí jiē lái zhī shí
予唯不食嗟来之食。

/追本溯源/

予唯不食嗟来之食，以至于斯也。

——《礼记》

/品思解读/

"予"是"我"的意思，"嗟"是一个不礼貌的语气词，"嗟来之食"是表示来得不恭敬的食物。当时黔敖对灾民说"嗟，来食！"带有轻蔑之意，灾民感觉受到了侮辱，拒绝被施舍，宁愿选择饿死，也不吃这样的食物。

/写作运用/

写作主题：骨气　修养　志气　自尊

写作示范：要正确地帮助他人，我们先得端正自己的态度，避免高高在上的语气和姿态，否则在对方看来，你给予的并不是真诚的帮助，有可能造成"予唯不食嗟来之食"的后果。每个人都希望得到尊重，无论他们是否富有。

予 唯 不 食 嗟 来 之 食 。

古人一天吃几顿？

在古代，人们一天通常只吃两顿饭，分别是朝食和哺食。朝食还叫饔（yōng），是第一顿饭。吃朝食的时间多是上午九点左右，所以人们把这个时候称为"食时"。哺食也叫飧（sūn），意思是吃剩饭。古人吃的哺食很多时候是把剩下的朝食加热一下，时间大多在下午三点到五点间，所以这个时候又被称为"哺时"。

《文姬归汉图——炊食》（局部）　　［宋］李唐

一天一则名言警句·道德卷

091

君子和而不同，
小人同而不和。

jūn zǐ hé ér bù tóng
xiǎo rén tóng ér bù hé

|追本溯源|

子曰："君子和而不同，小人同而不和。"

——《论语》

|品思解读|

君子在不违背自身处事原则的前提下，与人和睦相处；小人没有底线，与对其有利的人亲近，内心却并不与其亲和。在孔子看来，君子之所以能够与周围的人保持融洽的关系，是因为他能独立思考。小人没有自己的见解，只是盲目附和别人，所以无法与别人和谐相处。

|写作运用|

写作主题： 人际交往　见解　和谐

写作示范： 从前，我总是想要讨好身边的人，认为多迁就别人、不与他们起争执，就能和谐相处，但结果并非如此。直到明白了"君子和而不同，小人同而不和"的道理，我才意识到，正因为我一味地附和别人，没能让别人了解我真正的想法，也就无法坦诚交往。

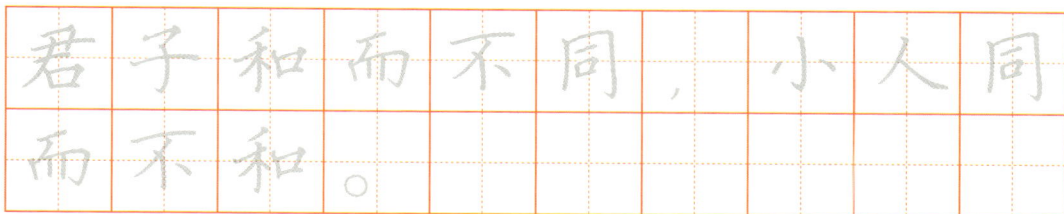

君子和而不同，小人同而不和。

|日有所得|

古代君子和小人的含义

根据孔子的言论，我们一般将人分为"君子"和"小人"这两种比较固定的形象。按照孔子的说法，君子会敬畏天命，敬畏地位高、德行高的人，敬畏圣人的话，但小人不会。在行事方面，君子总是根据道义做事，但小人只追求自己的利益。两者的区别既是信念上的，也表现在行为上。

一天一则名言警句·道德卷

《西园雅集图卷》（局部）　［清］石涛

素其位而行，
不愿乎其外。

sù qí wèi ér xíng
bú yuàn hū qí wài

|追本溯源|

君子素其位而行，不愿乎其外。

——《中庸》

|品思解读|

君子安于自己所处的地位，只做自己应该做的事，不做超过自己职责限度的事。身处社会中，每个人都有属于自己的固定角色和位置。在不同位置上，应承担的事也有所不同。我们要守好本分，在自己的位置上创造、积累自己的价值，取得属于自己的成功。

|写作运用|

写作主题：努力　修身　职责　安分守己

写作示范：老师一直教导我们"素其位而行，不愿乎其外"。作为学生的我们，首要职责就是学习。尤其是面对网络上形形色色的信息，我们更要学会坚守本心，不受迷惑，努力掌握足够的本领，给自己的未来打下坚实的基础。

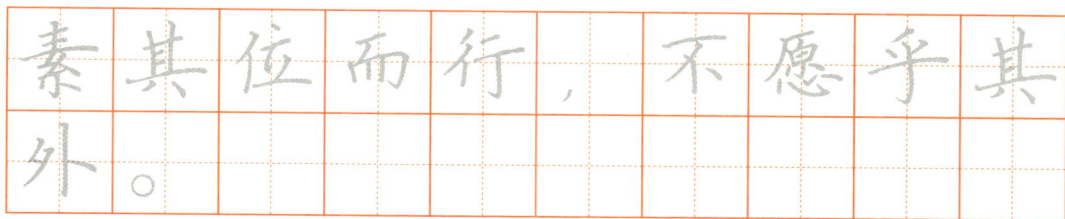

素其位而行，不愿乎其外。

/日有所得/

文言文中"素"的意思

"素"在文言文中有白色的意思，《三峡》中就有"素湍绿潭"，意思是雪白的急流和碧绿的潭水。而在《孔雀东南飞》中，"十三能织素"的"素"则表示白色的生绢。"素"还可以作形容词，表示朴素、不加修饰的，《陋室铭》中就有"可以调素琴，阅金经"。除此之外，"素"也能表示蔬果类食品。当"素"作副词时，则表示平素或白白地。

《三峡瞿塘图页》（局部）　[元]盛懋（mào）

一天一则名言警句·道德卷

095

和而不同的司马光和王安石

北宋有两位有名的宰相，一位叫司马光，他是政治主张保守派的代表；一位叫王安石，他是改革派的代表。

两人的政治主张天差地别，互相打压，但是从两人的私德来讲，却都算得上无可指摘，都有良好的品行修养。

司马光在《与王介甫书》中就曾说："我现在所说的，正好跟您的意见相反，知道这不合您的心意。我与您虽然在政治上的趋向有别，但总的目标却是相同的。您正欲得到相位以行治国之道，使天下的人民受其恩泽；我正欲辞去官职，以行个人之志，使天下的人民得到拯救，这就是我所说的'和而不同'的含义。"

王安石也在《答司马谏议书》中回复："我私下认为与君实您交往相好的日子很久了，但是议论起政事来（意见）常常不一致，这是我们所持的政治主张和方法大多不同的缘故啊。"

在王安石去世后，有人想趁机诋毁王安石，司马光却说："不可毁之太过。"皇帝听完司马光对王安石的评价，也不禁感叹了一句："卿等皆君子也！"

虽然政见不同，但两人都没有公报私仇，置对方于死地，这正印证了那句话：君子和而不同。

一、判断下列句子中"素"的意思，把对应的选项填在方框里。

A. 白色　　B. 朴素的、不加修饰的　　C. 白色的绢布

1. 可以调素琴，阅金经。

2. 十三能织素，十四学裁衣。

3. 春冬之时，则素湍绿潭，回清倒影。

二、请补充填写下列文字中空白的内容。

1. 人 ☐ 信则名不 ☐ 。

2. ☐ 有人兮 ☐ 一方，☐ 为衣兮 ☐ 为裳。

3. 君子 ☐ 而不 ☐ ，小人 ☐ 而不 ☐ 。

三、你知道花中四君子吗？请从下图中找出它们。

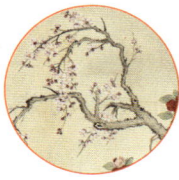

君子求诸己，小人求诸人。

jūn zǐ qiú zhū jǐ

xiǎo rén qiú zhū rén

/追本溯源/

子曰："君子求诸己，小人求诸人。"

——《论语》

/品思解读/

这里的"求"指的是"要求"。君子会严格要求自己，而小人往往会严格要求别人。当发生冲突的时候，小人总是推卸责任，把问题归咎到别人身上；而君子往往会从自身找原因，反思自己的不足，从而真正解决问题，体现出的是一种对自我负责的态度。

/写作运用/

写作主题： 自省　修身　责任

写作示范： 遇到问题的时候，有的人能够冷静地处理，而有的人却往往陷入互相埋怨的尴尬境地。要知道，君子求诸己，小人求诸人，与其抱怨别人，还不如先从自身找原因，提升自己的能力，减少错误，从而真正地解决问题。

君 子 求 诸 己 ， 小 人 求 诸

人 。

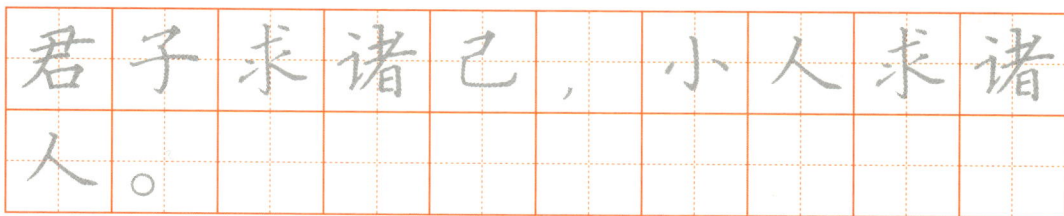

"诸"的三种用法

"诸"在古代汉语中是个使用频率很高的词，有多个意思。在"君子求诸己，小人求诸人"这句名言中，"诸"是"之于"的意思，通常用在句中。而当它用在句末时，则表示"之乎"的意思，比如"闻君不豫，有诸？"另外"诸"还有"众、许多"的含义，比如"诸君""诸位"等词汇。

《四君子图》 ［明］项圣谟

图中画的是树中四君子：松、柏、槐、梧桐。古人认为，这四种树特立伟岸，象征刚正不阿的人格。

一天一则名言警句·道德卷

二

长风破浪会有时，
直挂云帆济沧海。

cháng fēng pò làng huì yǒu shí
zhí guà yún fān jì cāng hǎi

/追本溯源/

行路难，行路难，多歧路，今安在？
长风破浪会有时，直挂云帆济沧海。

——《行路难·其一》

/品思解读/

　　有志气的人相信自己总有一天能乘着长风破万里浪，高高挂起云帆，在沧海中勇往直前。这是一种有着强大精神力量的人生态度。因为怀着施展抱负的梦想，凭借这种乐观豪迈的气概，有志之人能从短暂的苦闷中挣脱出来。

/写作运用/

　　写作主题：乐观　自强　励志　人生态度

　　写作示范：教练一副云淡风轻的样子，仿佛刚才输掉比赛的不是我们。他把我们召集起来，说："长风破浪会有时，直挂云帆济沧海。要是一点点小浪花就把我们击退了，那还对得起自己那么长时间的辛苦努力吗？"

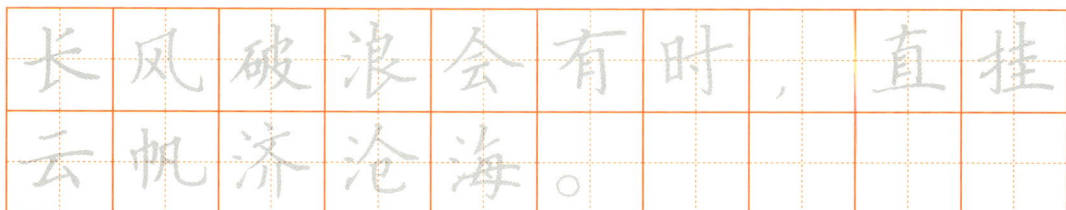

长风破浪

"长风破浪"这一典故来源于南北朝的宗悫（què）的故事。

宗悫从小就跟着父亲和叔父舞刀弄枪，练拳学武，年纪轻轻就练就一身好武艺。有一次，他叔父问他长大后的志向是什么。宗悫说："我希望乘长风，破万里浪。"叔父听后称赞道："你将来就算不大富大贵，也必然会光耀我们家的门户。"

宗悫小时候就有这样的雄心壮志，长大后果然凭借一身本领被任命为将军。他为国家立下不少战功，实现了年少时的志向。

《浪图》 ［宋］马兴祖

一天一则名言警句·道德卷

101

三

yì gǔ zuò qì   zài ér shuāi   sān ér jié
一鼓作气，再而衰，三而竭。

/追本溯源/

对曰："夫战，勇气也。一鼓作气，再而衰，三而竭。彼竭我盈，故克之。夫大国，难测也，惧有伏焉。吾视其辙乱，望其旗靡，故逐之。"

——《曹刿论战》

/品思解读/

敲第一遍战鼓时，将士们都精神振奋；敲第二遍时，将士们的斗志开始衰减；到第三遍时，将士们的士气已经用尽了。一般说来，人的气势在一开始最为旺盛，因此，做事最好一气呵成。如果时断时续，就会带来各种不利影响。

/写作运用/

写作主题：勇气　鼓劲　坚持　智慧

写作示范：本来两个小时就可以做完的作业，因为我总是做一会儿，玩一会儿，来来回回好几次，结果一个下午过去了，作业还没搞定。真是"一鼓作气，再而衰，三而竭"啊！做作业的时候老想着玩，玩的时候又惦记作业，还不如一口气做完再玩呢！

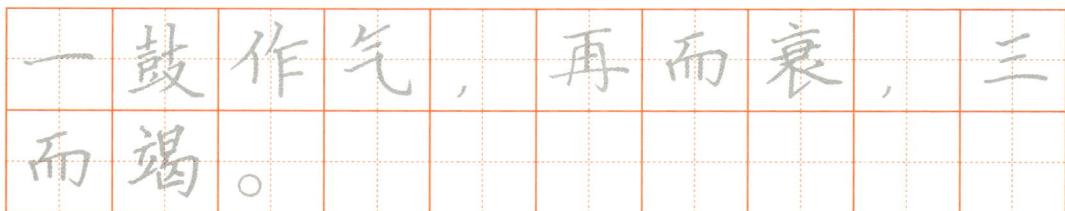

一鼓作气，再而衰，三而竭。

春秋时期的战争规则

春秋时期的战争，能参战的一般都是贵族。诸侯之间本就有各种血脉关系，所以那时候的打战讲究征服对方，而不是杀死更多的敌人。

长勺之战中齐国是"征"（指有正当理由的战争）鲁国，因此要讲礼貌，不然就不是正义之战了。而当时的战争有个原则叫"不鼓不成列"，开打之前要鸣鼓，对方摆好阵势之前不可以开打。

齐国三次击鼓，鲁国都没有回应，齐国将士开始松懈了。就在这时，平时以礼著称的鲁国突然击鼓攻击，齐国完全没预料到，结果被打了个措手不及。

古铜钟 ［西周］

一天一则名言警句·道德卷

103

生，亦我所欲也；
义，亦我所欲也。
二者不可得兼，舍生而取义者也。

/追本溯源/

鱼，我所欲也；熊掌，亦我所欲也。二者不可得兼，舍鱼而取熊掌者也。生，亦我所欲也；义，亦我所欲也。二者不可得兼，舍生而取义者也。

——《孟子》

/品思解读/

生命是我所想要的，道义也是我所想要的，如果这两样东西不能同时拥有的话，那么我只好牺牲生命而选取道义了。当两者都是自己想要的东西时，需要及时作出取舍，才能打破僵局，走向更广阔的未来。

/写作运用/

写作主题：道义　取舍　品德　人生追求

写作示范：生，亦我所欲也；义，亦我所欲也。二者不可得兼，舍生而取义者也。即便南宋的江山已经破败不堪，文天祥也不曾因武力胁迫或名利诱惑而动摇信念，他选择道义，至死不渝，他的精神和气节永世长存。

|落笔生花|

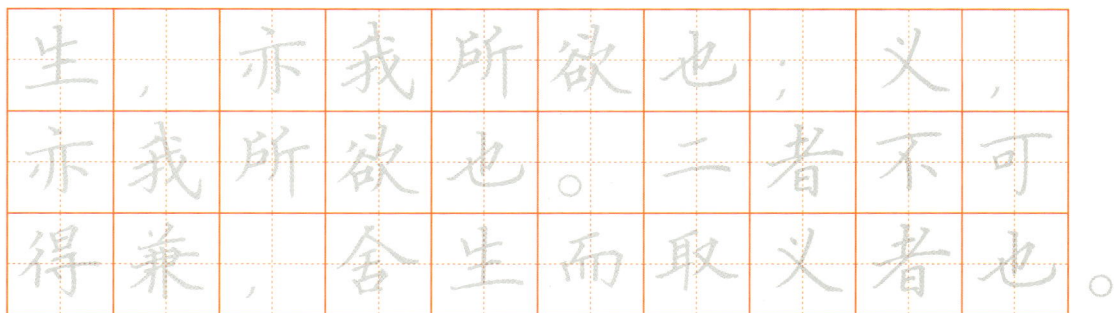

生，亦我所欲也；义，亦我所欲也。二者不可得兼，舍生而取义者也。

|日有所得|

在古代鱼难以获得的原因

孟子表示熊掌难得，这很好理解，毕竟熊的凶猛人人皆知。但为什么鱼也被孟子视为难以获得的东西呢？

这主要是由于古代的技术条件所限。第一，当时没有好的渔具，有时甚至需要抽干水才能吃到鲜鱼。第二，当时的交通不便，冷藏技术不成熟，所以内陆地区常常吃不到鱼。

春秋末年的《养鱼经》记载了一段对话：

齐威王问范蠡："先生是怎么赚钱的？"范蠡答："我发家致富有五种方式，其中鱼塘养鱼排第一。鱼塘养鱼成本高，但鱼的售价更高。"

可见，在古代想吃鱼也不是那么容易的事啊！

《藻鱼图》 ［明］缪辅

105

五

huī hóng zhì shì zhī qì
恢弘志士之气，
bù yí wàng zì fěi bó
不宜妄自菲薄。

/追本溯源/

诚宜开张圣听，以光先帝遗德，恢弘志士之气，不宜妄自菲薄，引喻失义，以塞忠谏之路也。

——《出师表》

/品思解读/

弘扬志士们的气概，不应该随便地看轻自己。人要是陷入了自我否定，很多本来可以做到的事，由于心理上认为自己做不到，最后往往无法成功。一味的否定不仅会打击自己，还会因为情绪敏感，让别人不敢给你提出建议。

/写作运用/

写作主题： 自信 励志 豁达 乐观

写作示范： 看她愁眉苦脸的样子，我鼓励她："古人说，'恢弘志士之气，不宜妄自菲薄'。不要老想着自己的身高是个劣势，我觉得你的投篮动作比她们都要标准，这不就是你的优点吗？多想想自己做得好的地方，免得因为心情影响了自己的发挥。"

106

恢弘志士之气，不宜妄自菲薄。

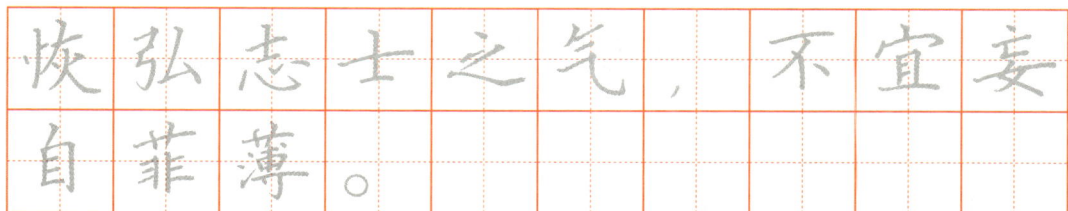

出师表也分前后

　　三国时期蜀相诸葛亮写的《出师表》广为流传，是当今中学生的必背篇目。《出师表》分成前后两篇，一篇叫《前出师表》（写于227年），另一篇叫《后出师表》（写于228年），《后出师表》被记载在三国时期吴国张俨的《默记》中，一般认为是诸葛亮所写，但仍存疑。

　　一般而言，《出师表》是指《前出师表》，它是诸葛亮在决定北上伐魏之前给后主刘禅上书的表文，既有对君主委婉的劝勉，也表达了自己忠君报国的赤子之情。

　　《后出师表》的主要内容则是向君主阐明北伐不仅是先帝的遗愿，也关系着蜀汉的生死存亡，并表明自己伐魏的决心。它还给世人留下了"鞠躬尽瘁，死而后已"等经典名言。

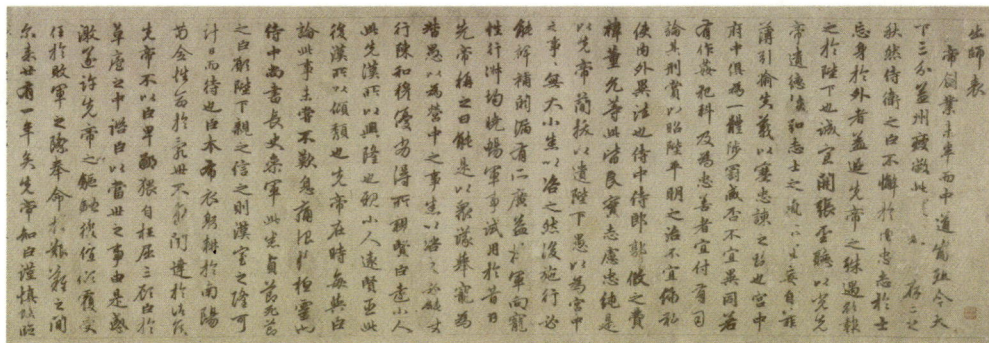

《出师表》卷（行书）（局部）　　［元］赵孟頫

不徇私情的苏章

东汉时期有一位为官清正、公私分明的官员，名字叫苏章。苏章担任冀州刺史时，负责调查当地的腐败问题。一次，他查出清河太守贪污受贿。清河太守得知冀州刺史竟是自己的老朋友苏章，心存侥幸，邀请苏章赴宴。

苏章见了老友后，绝口不提案子的事。两个人饮酒谈天，叙说旧情，气氛融洽。见状，清河太守说道："人皆有一天，我独有二天。（别人顶多有一个老天爷的照应，而我却有两个老天爷的荫护）"没想到，苏章却道："今晚与你故人叙旧，是尽私人的情谊。明天升堂审案，我仍然会公事公办。"

第二天苏章开堂审案，果然将清河太守按法治罪。苏章以身作则，告诉我们在律法面前没有私人情谊。

庄子钓于濮（pú）水

一天，庄子到濮水钓鱼。楚威王得知后，立马派两名官员赶去，邀请庄子进宫，还许诺将楚国的政务都托付给庄子。

庄子听后，并不回头看他们，说："楚国有一只神龟，死的时候已经有三千岁了。楚王将它的骨甲用锦缎包好，装在竹箱里，供奉在宗庙的明堂上。对这只神龟来讲，它是宁愿死去为了留下骨甲显示尊贵呢，还是宁愿活在烂泥里拖着尾巴爬行呢？"

两名官员说："当然是选择活在烂泥里。"

庄子说："所以，你们请回吧！我也宁愿选择活着。"

庄子的故事启示后人，要珍爱生命与自由，没有必要为功名利禄放弃自己的精神追求。

一、请补充下面方格中缺失的文字。

				和		丽			
			平		甚				
长		破				鼓	作	气	
	生		静		日				
	水			舍		妄		菲	薄
		死	回				寻		
				长	补				
				义			见		

二、请选择一篇素材天地的文章，找到相契合的名言警句并写一写你的感受。

gǔ zhī lì dà shì zhě　　　bù wéi yǒu chāo shì zhī cái

古之立大事者，不唯有超世之才，

yì　bì yǒu jiān rěn bù bá zhī zhì

亦必有坚忍不拔之志。

/追本溯源/

古之立大事者，不唯有超世之才，亦必有坚忍不拔之志。昔禹之治水，凿龙门，决大河，而放之海。

——《晁错论》

/品思解读/

自古以来凡是做大事的人，不仅有出类拔萃的才能，更有坚韧不拔的意志。走向成功的路上总会有各种各样的困难，才能是我们行动的基础，而意志则是激励我们不断前进的动力。有了意志，即使跌倒后也能重新爬起来，最终抵达成功的终点。

/写作运用/

写作主题：意志　坚持　才华　人生追求

写作示范：蒲松龄多次应试未果，可以说是命运不济、终生不得志。可是，古之立大事者，不唯有超世之才，亦必有坚忍不拔之志。他选择走到街边村路，搜集天下奇闻，用尽毕生精力写作《聊斋志异》，为中国、为世界创造了宝贵的精神财富，至今影响深远。

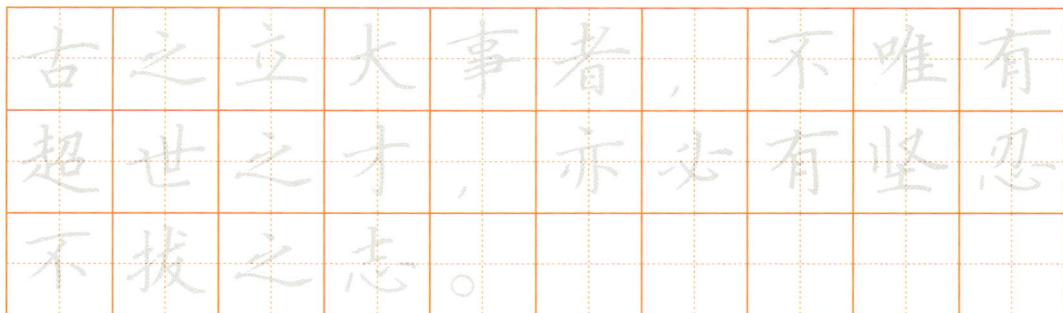

古之立大事者，不唯有超世之才，亦必有坚忍不拔之志。

|日有所得|

由晁错引起的"清君侧"

《晁错论》是北宋文学家苏轼写的。这篇文章围绕一个著名的历史事件——西汉时的"清君侧"展开论述。

西汉时，晁错向皇帝建议削弱藩国的实力。各藩国不满，便以"诛晁错，清君侧"为名发动叛乱，史称"七国之乱"。

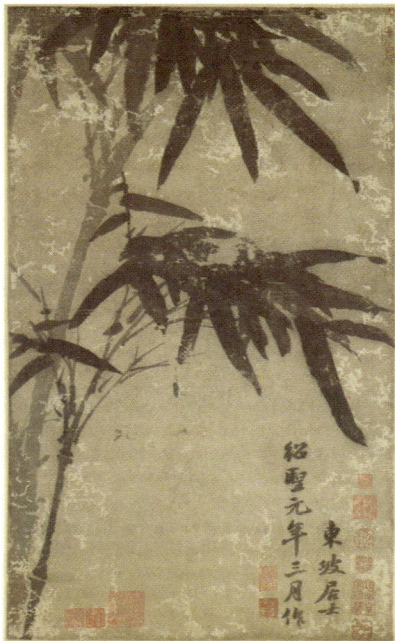

汉景帝为了平息叛乱，下令处死晁错，可藩国仍要造反。在平定叛乱后，中央政权得到了极大的巩固。

值得一提的是，在后来的朝代中也陆续出现了很多打着"清君侧"口号的造反者，大多也以失败告终。

《墨竹图》　〔宋〕苏轼

111

二

天生我材必有用。

/追本溯源/

人生得意须尽欢，莫使金樽空对月。

天生我材必有用，千金散尽还复来。

——《将进酒》

/品思解读/

生存于这世上，一定有用到我的地方，也肯定有事业等着我去完成。不仅李白如此，每个人都是这样的。这世间没有无用之人，每个人都有自己可以发挥的长处，所以，在面对失败时不应断定自己无能，而是要鼓起勇气再次前行。

/写作运用/

写作主题： 自强 励志 志向 人生态度

写作示范： 多给自己一些信心，多给生活一些耐心。天生我材必有用，我相信，既然来到这个世界上，加以努力，自然会有轮到我闪闪发光的时候，现在读书求学，锤炼本领，也是在为将来添砖加瓦。

天	生	我	材	必	有	用	。			

/日有所得/

唐诗中的各种酒器

唐代盛行饮酒，酒器的也有很多种类。在唐诗中我们得以窥见："交河美酒归叵（pǒ）罗"中有叵罗，"翡翠屠苏鹦鹉杯"中有鹦鹉杯，"舒州杓，力士铛，李白与尔同死生"中有舒州杓、力士铛，"一片冰心在玉壶"中有玉壶，"葡萄美酒夜光杯"中有夜光杯。

《将进酒》中提到的金樽，是一种黄金打造的酒具。金制酒具多为皇室贵族专属，雍容大气。

樽的外观各异，具有悠久的历史，在两汉、魏晋南北朝是常见的高档酒器。

错金云纹樽 ［汉］

三

以直报怨，
以德报德。

<small>yǐ zhí bào yuàn</small>

<small>yǐ dé bào dé</small>

/追本溯源/

或曰："以德报怨，何如？"子曰："何以报德？以直报怨，以
德报德。"

——《论语》

/品思解读/

用公正无私的方式来回报恶行，用善行回报善行。以直报怨并
非以怨报怨，若是以怨报怨，很容易让我们变成和对方一样的人。而
"直"，就是让对方承担恶行所带来的后果，在孔子看来，这种方式是
公正的。

/写作运用/

写作主题：品德　争执　回报　人际交往

写作示范：他莫名其妙的一番话弄得我有些恼火。孔子说：
"以直报怨，以德报德。"我既不想与他一般打嘴仗，也不想当作
无事发生任由他这样欺辱。唉，该怎样才能领悟到"直"的真谛，
解决这场纠纷呢？

以直报怨，以德报德。

|日有所得|

老子的"以德报怨"

应如何"报怨"？老子曾写过："报怨以德。"再对比本次的名言警句，看上去就像孔子与老子二人互相争执一般。

实际上，老子所说的"德"和孔子所说的"德"含义并不相同。老子的"德"是道家学说的德，道家学说的德讲究"无为"，即保持"无为"的心态以保持平静，从而正确地看待怨恨。

圣贤之所以为圣贤，是因为他们对世间万物常怀悲悯之心。他们希望人与人之间能够消除怨恨，所以鼓励人们采用更健康的相处方式。

《老子图》 ［明］唐寅

四

jì rén zhī cháng
记人之长，
wàng rén zhī duǎn
忘人之短。

/追本溯源/

朕记人之长，忘人之短，况此归伏，载用嘉叹，永祚东土，不亦宜乎。

——《敕渤海王大武艺书》

/品思解读/

记住别人的长处，忘掉别人的短处。宽容的人，能够理解别人的难处，所以更容易谅解对方的过错；常关注别人的长处，所以别人也更愿意与其相处。拥有这样道德品质的人总能让别人心悦诚服。

/写作运用/

写作主题：宽容　相处　修养　大度

写作示范：她说："我记得你动手能力很强，之前一个人就将设备装好了。现在也试试吧！我相信这点小失误难不倒你的。"我没想到一件小事她还记得那么清楚，她可真是记人之长，忘人之短啊！这样一来，我原本因犯错而惶恐的心情也逐渐平复了。

116

记 | 人 | 之 | 长 | ， | 忘 | 人 | 之 | 短 | 。

/日有所得/

古代的尺长

在古代，物体的长短怎么量定？我们常看到这样的记载：某人身高八尺。尺，是中国测量长度的重要工具，也是长度单位，一尺等于十寸。而各朝代的尺子长度却不尽相同。

最早的尺出现在商朝，据说一尺约为16厘米；到了东周，一尺约23.1厘米；秦汉时期一尺约23厘米；魏晋时期又增至24.5厘米；南北朝时期，南北地区有较大的分歧。后来，隋文帝就统一一尺为30厘米。直到清朝，一尺均保持在30~32厘米。

此外，用途不同，尺的长度也不同。例如在清朝，裁衣用的尺子就长35.5厘米，而不是通常的30~32厘米。

《千尺飞泉轴》　　［清］张宗苍

rén wú lǐ zé bù shēng

人无礼则不生，

shì wú lǐ zé bù chéng　guó jiā wú lǐ zé bù níng

事无礼则不成，国家无礼则不宁。

/追本溯源/

故人无礼则不生，事无礼则不成，国家无礼则不宁。《诗》曰："礼仪卒度，笑语卒获。"此之谓也。

——《荀子》

/品思解读/

做人没有礼节就无法生存，做事没有礼节就无法成功，治国没有礼节国家就无法安宁。礼貌和礼仪，是个人素养最直接的外现形式，也是人们日常生活交往中应当共同遵守的道德准则，是社会文明程度的重要标志。

/写作运用/

写作主题：礼貌　和谐　品德　礼仪之邦

写作示范：中华民族自古就以"礼仪之邦"闻名于世，有着"人无礼则不生，事无礼则不成，国家无礼则不宁"的文化传承。历史波澜壮阔，文脉绵延不绝。步入现代，我们更应从身边的小事做起，讲文明，懂礼貌，不愧对"中华儿女"的称号。

传统见面礼仪——揖（yī）礼

揖礼起源于周代以前时期。西周初期周公建立了各项典章制度和礼乐制度，并确立以宗法制度为中心的政治体制，揖礼自此大行于天下。

《仪礼》规定，士与士之间的交际礼仪叫相见礼，揖礼就是相见礼之一。

揖礼的基本姿势为双方将两手相抱，放在胸前互相致敬。作揖时身体向前倾，腰身微弯。

《高贤遇隐图》

［清］金廷标

一天一则名言警句·道德卷

119

鲍叔牙举荐管仲

春秋时期，管仲和鲍叔牙是好友。年轻的时候，两人一起做生意。管仲在分钱财时常常会多拿一些，鲍叔牙知道管仲生活贫困，所以并不介意。管仲曾多次在战败后逃跑，鲍叔牙知道管仲家有老母，所以也并不觉得管仲胆小。管仲感慨道："生我的是父母，了解我的可是鲍叔牙啊！"

后来，齐国新上任的齐王每天吃喝玩乐，不理政事。两人预料齐国会发生内乱，于是他们各为其主、分道扬镳，鲍叔牙带着公子小白逃到莒国，管仲带着公子纠逃到鲁国。

齐王在十几年后因内乱而亡，他的两个弟弟——公子纠和公子小白都是下任国君的有力竞争者。管仲为了防止公子小白捷足先登，设下埋伏想除掉他。但箭只射中了小白的衣带钩，他靠着装死渡过一关，并抢先回国，被立为国君，即齐桓公。

齐桓公想任用鲍叔牙为相国。鲍叔牙说："您如果只想管理好齐国，有高傒和我就够了。想创立不世功业，那非用管仲不可！"齐桓公很不解，鲍叔牙劝说道："他的忠诚难能可贵啊。如果您重用管仲，他的忠心和才能就为您所用了。"

鲍叔牙又说："我有五点不如管仲。他宽厚仁慈，能安抚百姓；他治理国家，能抓住根本；他为人忠信，可结交于诸侯；他能给国家制定规范和礼仪；他在军门前指挥，能振奋军心。要是管仲当相国的话，齐国可以很快强盛起来。"

齐桓公听从了鲍叔牙的建议，亲自迎接管仲进城。桓公与管仲一连谈论三天三夜，句句投机，之后便拜管仲为相国。齐国大业由此奠基，齐桓公后来成了"春秋五霸"之首。

学以致用

一、下面是几个古代物品的长度，请你写出它们在现代的大约长度吧。

四羊方尊（商）　高三尺六寸　　　　约为现代 ◯ 厘米。

越王勾践剑（东周）　全长二尺四寸　　约为现代 ◯ 厘米。

关羽（东汉）　身高九尺　　　　　　　约为现代 ◯ 厘米。

清明上河图（北宋）　长十七尺六寸　　约为现代 ◯ 厘米。

晚清古衣（清）　长二尺　　　　　　　约为现代 ◯ 厘米。

二、在《鲍叔牙举荐管仲》的故事中，无论是鲍叔牙、管仲还是齐桓公，都有值得学习的地方。请你用本周的名言警句，写一段话来评价他们当中的任意一位。

一天一则名言警句·道德卷

121

俭节则昌，
淫佚则亡。

jiǎn jié zé chāng
yín yì zé wáng

/追本溯源/

凡此五者，圣人之所俭节也，小人之所淫佚也。俭节则昌，淫佚则亡。

——《墨子》

/品思解读/

君王节俭、不放纵欲望，国家就会走向昌盛；君王放纵欲望，就会导致国家灭亡。君王只有以身作则，才能让百姓从心底尊重，并都以节俭为美德。上行下效，国家才会步入正轨，逐渐走向繁荣。

/写作运用/

写作主题： 节俭　品律　自强　治国之道

写作示范： 俭节则昌，懂得节俭的汉文帝开创了"文景之治"的盛世，成为后世帝王的榜样；淫佚则亡，秦朝在奢靡无度下走向了灭亡，象征劳民伤财的阿房宫也被人一把火烧光。我们要以史为鉴，开创未来。

俭节则昌，淫佚则亡。

以节俭闻名的皇帝——汉文帝

说到中国古代的皇帝，大家的印象多是穷奢极欲、贪图享乐。但有个皇帝却以简朴出名，他就是汉文帝刘恒。

早期：刘恒登基时，汉朝国库空虚。他以"无为之治"的理念让百姓休养生息，避免劳民伤财之事，譬如发动战争、大兴土木等。

中期：后来，国库逐渐富裕了起来，刘恒依旧保持着节俭的习惯。平时，他的穿衣和饮食不讲排场，其妻妾也只允许穿朴素的衣裳。

晚期：其23年皇帝生涯中，他从未大肆修建宫殿与园林。在遗诏中，他明确表示不要厚葬，并将一部分宫女遣送回家。

《帝王道统万年图册·汉文帝》 ［明］仇英

画中表现的是汉文帝带领大臣们耕田的场景。

一天一则名言警句·道德卷

123

取之有度，用之有节，
qǔ zhī yǒu dù yòng zhī yǒu jié
zé cháng zú
则常足。

|追本溯源|

夫地力之生物有大限，取之有度，用之有节，则常足。

——《资治通鉴》

|品思解读|

靠自然的力量所生长的事物，资源都是有限的，所以取用它们要有限度，使用它们要有节制，这样才能保持较长时期的充足。生态环境没有替代品，用之不觉，失之难存。人类要学会与大自然和睦相处，尊重自然、爱护自然。

|写作运用|

写作主题：环保　节约　文明　可持续发展

写作示范：我问渔夫："您为什么要将刚才的鱼放生呢？"渔夫回答我："我们只抓大鱼，小鱼就放掉。如果连小鱼都抓，那用不了多久这片池塘就没有鱼了。"这大概就是"取之有度，用之有节，则常足"吧。

取之有度，用之有节，则常足。

|日有所得|

隋朝是因为大运河而覆灭的吗？

隋炀帝杨广主持修建的大运河，史称隋唐大运河。

隋唐大运河的最早规划是在隋文帝时期，那时计划把已有的运河与河流连通，打造成直通南北的运河。

但杨广为了"速成"大运河，让多地同时施工，迫使大量的农民离开田地，无法耕种，因此国家出现了缺粮的情况。随后，杨广又穷兵黩武，举国出征高句丽，最终导致覆灭。可以说，是他的暴政加快了隋朝的灭亡。

《历代帝王图·杨广》　[唐] 阎立本

一天一则名言警句·道德卷

yǐ lì fú rén zhě， fēi xīn fú yě
以力服人者，非心服也；
yǐ dé fú rén zhě， xīn yuè ér chéng fú yě
以德服人者，心悦而诚服也。

|追本溯源|

以力服人者，非心服也，力不赡也；以德服人者，中心悦而诚服
也，如七十子之服孔子也。

——《孟子》

|品思解读|

靠武力使人服从，不能让对方发自内心服从；靠道德使人服从，
对方才会感到高兴并真心服从。孟子强调要用道德去引导他人，拂去
他人身上的"恶"，让对方感觉到心灵的升华，从而让举止行为变得
"善"，并打心底乐意听从引导者的教诲。

|写作运用|

写作主题：品德　和谐　以身作则　教导

写作示范：在我的印象中，父母从未以"武力"强迫我去学
习，而是晓之以理，并以身作则，和我一起阅读书籍、学习新知
识。以力服人者，非心服也；以德服人者，心悦而诚服也。正因如
此，我从未厌烦学习，而是主动学习，乐于学习。

以力服人者，　非心服也；
以德服人者，　心悦而诚
服也。

孔子与他的学生们

孔子一生大约有三千名学生，"七十子之服孔子"是孔子以德服人的代表，即"孔门七十二贤"。

孔子30岁建立私学，以"有教无类"为教育理念，平等地给弟子传授知识。最开始孔子并不出名，子路还曾瞧不起孔子，屡次冒犯他。在孔子多次以礼引导之后，子路心悦诚服，自愿成为孔子的学生。慢慢地，孔子私学名气越来越大，就连贵族子弟也前来求学，最终成为当时影响最大的私学。

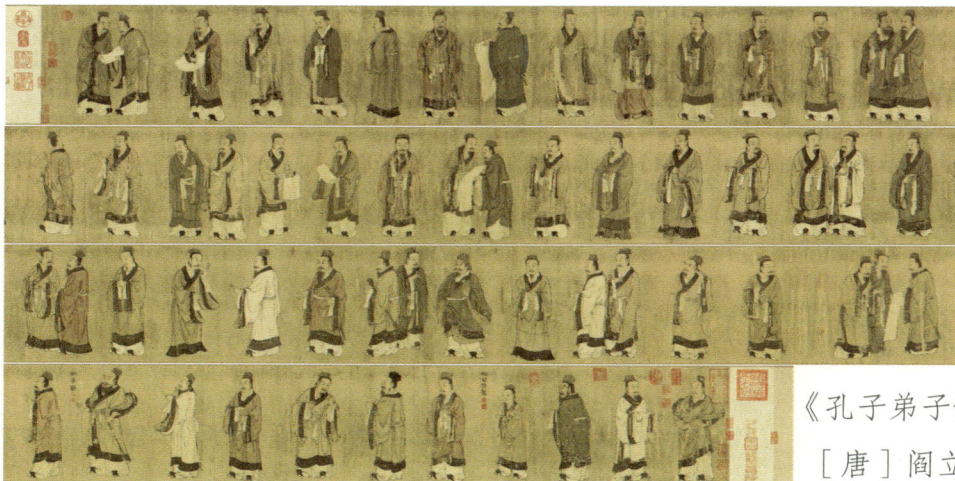

《孔子弟子像》

［唐］阎立本

一天一则名言警句·道德卷

127

zhì zhě bú huò rén zhě bù yōu

知者不惑，仁者不忧，

yǒng zhě bú jù

勇者不惧。

/追本溯源/

子曰："知者不惑，仁者不忧，勇者不惧。"

——《论语》

/品思解读/

智慧的人心中没有疑惑，仁德的人心中没有担忧，勇敢的人心中没有恐惧。孔子表示连自己也达不到如此境界，这体现了求仁、求智、求勇之难。知、仁、勇是孔子所主张的道德范畴，是我们每个人应该追求的良好品质。

/写作运用/

写作主题： 仁德　智慧　勇敢　人生追求

写作示范： 鲁迅先生用笔墨将封建思想的腐朽问题逐个列出，是知者不惑；用文字批判国人的劣根性、拯救国人的思想，是仁者不忧；面对国民党政府的强权仍然落笔发声，是勇者不惧。这样的精神境界也让鲁迅成为中国近代史上最著名、影响力最大的作家之一。

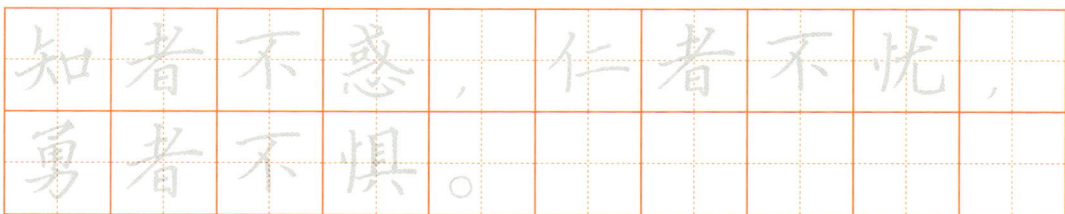

知者不惑，仁者不忧，勇者不惧。

|日有所得|

孔子的优秀弟子——子贡

子贡，本名端木赐，是孔子门下最著名的弟子之一。他好学向上，能言善辩，很有才能。他多次向孔子提出有代表性的问题，在《论语》中常常出现其名。子贡很有商业头脑，在当时被称为首富，孔子周游列国的经费也大多由他支付。子贡还善于从政，担任过鲁国和卫国的相国。

在《史记》中，司马迁给予子贡极高的评价。司马迁认为，颜回（孔子原本认定的"接班人"）年纪轻轻就去世了，在孔子去世后，凭借子贡在商界和政界的地位，儒家学说才能够顺利地传承并发扬光大。

《至圣先贤半身像册·子贡》 ［元］佚名

一天一则名言警句·道德卷

129

五

jiàng bù kě jiāo　jiāo zé shī lǐ
将不可骄，骄则失礼，
shī lǐ zé rén lí　rén lí zé zhòng pàn
失礼则人离，人离则众叛。

/追本溯源/

将不可骄，骄则失礼，失礼则人离，人离则众叛。将不可吝，吝则赏不行，赏不行则士不致命，士不致命则军无功，无功则国虚，国虚则寇实矣。

——《将苑·将骄吝》

/品思解读/

领导者要避免骄傲自大，因为骄傲自大后就会忘记对群众的礼仪，不能以礼相待就会使人心远离，人心散了之后就会众叛亲离。人生处处有诱惑，每个人都需要坚定自己的意志，不能放纵自己。

/写作运用/

写作主题：自律　礼仪　谦逊　人生态度

写作示范：电视剧中，一个新角色登场了，是个刚刚上任的司令官，一副趾高气扬的模样。母亲在一旁说："这个角色活不过几集。"古语云：将不可骄，骄则失礼，失礼则人离，人离则众叛。果然，没过几集，这个角色就倒在了自己手下的枪口之下。

将不可骄，骄则失礼，失礼则人离，人离则众叛。

古代名将与兵法传承

春秋：孙武，被尊称为"兵圣"，所著《孙子兵法》被誉为"兵学圣典"。

战国：白起，善于歼敌，常战常胜，位列战国四大名将之首。

汉朝：韩信，汉朝第一名将，在楚汉之争中击败西楚霸王。

三国：诸葛亮，善于战略布局，著有《将苑》，讨论将军应有的道德。

隋唐：李靖，为唐朝立下了赫赫战功，著成兵书《六军镜》。

南宋：岳飞，南宋军队最杰出的统帅，也是古代治军的楷模。

明朝：戚继光，抗倭名将，著有《纪效新书》，是已知最早的军事操典。

《红拂图》　［明］尤求

图中描绘的是李靖拜见杨素的场面。

一天一则名言警句·道德卷

131

刘备折服刺客

刘备曾被任命为平原相。他到任后，立马设宴款待宾客，以示对人才的尊重。一次，一名宾客前来赴宴。刘备当然是待为上宾，还和他聊起了家常，说起了平原的治理计划，甚至大谈自己的理想抱负。

这名宾客其实是来刺杀刘备的。他看到刘备对自己态度那么诚恳，又钦佩刘备的胸怀，竟不忍心下手了。刺客不但放弃了本来的刺杀计划，还爽快地将幕后之人的阴谋都告知刘备，然后离开了。

原来，这次刺杀是平原当地郡民刘平指使的，或许是因为看不惯刘备的出身，或许是刘备的政策损害了他的利益。但在这之后，刘备并没有追究两人的责任。他淡然处之，显示了自己的宽宏、大度。

穆公亡马

一次，秦穆公外出时丢失了自己的骏马。等他找到时，马已经被一群人杀掉了，他们正聚在一起吃马肉。当知道吃的是秦王的马时，他们都惊恐地站起来。秦穆公却说："我听说吃马肉的时候不喝酒会伤及身体。"于是拿酒给他们喝。

三年之后，晋国攻打秦穆公，秦穆公受困。以前那些杀马吃肉的人听说后，说："我们要报答穆公的恩德，冲锋陷阵救出国君。"于是他们突破士兵的包围，打败了晋国的军队。穆公因此幸免于难。敌国的晋惠公也被抓了过来。

学以致用

一、二十一世纪是可持续发展的时代。"取之有度，用之有节，则常
　足"，你知道有哪些符合这条名言的现实举措吗？

_____

_____

二、孔子有很多弟子的称呼以"子"开头。请查询相关资料，将"子"
　与右边的字相连，找出几位孔门弟子的名字吧。

贡
路
贤
罕
晳
游
业
夏
武

子

三、试着以"俭节则昌，淫佚则亡"为开头，写一段话。

一

jūn zǐ zé jǐ
君子责己，
xiǎo rén zé rén
小人责人。

/追本溯源/

礼义廉耻，可以律己，不可以绳人。律己则寡过，绳人则寡合，寡合则非涉世之道。故君子责己，小人责人。

——《省心录》

/品思解读/

礼义廉耻，可以用来要求自己，不可用来要求别人。所以君子只严格要求自己，小人却总是责备别人。古人认为，礼义廉耻是帮助自己少犯过失的律条，但若是强行套在他人头上，那对方只会觉得如被绳索束缚一样不适，因此难以与他人和睦相处。

/写作运用/

写作主题：自律　和谐　教育　人生态度

写作示范：我制止了他讲大道理的行为，说："还是就事论事吧，你所讲的道理与这事并没有什么关联。君子责己，小人责人。不分析具体情况就横加指责，别人不但无法理解，还会对这些本是金玉良言的教诲产生不好的印象。"

君 子 责 己 ， 小 人 责 人 。

终身不娶的诗人林逋（bū）

北宋著名诗人林逋年轻时曾穷游江淮，周游四海。四十岁开始，他远离红尘，隐居在杭州西湖孤山。

林逋偏爱诗、梅花和鹤。他觉得梅花甘守寂寞，芳香高雅，因此他在房前屋后种满了梅树。他还驯养了两只鹤，时不时将它们放出，任它们在云霄间翻腾盘旋。鹤飞累了，还会再飞回来。如果有人登门造访，鹤也会飞来给他报信。

后世将他的这些趣事称为"梅妻鹤子"，用来比喻恬然自适的清高生活态度。"梅""鹤"也是中国传统绘画的常见题材。

一天一则名言警句·道德卷

《松梅双鹤图》 ［清］沈铨

君子扬人之善，
jūn zǐ yáng rén zhī shàn

小人讦人之恶。
xiǎo rén jié rén zhī è

/追本溯源/

君子扬人之善，小人讦人之恶。闻恶必信则小人之道长矣，闻善或疑则君子之道消矣。

——《贞观政要》

/品思解读/

君子总是赞扬别人的优点，小人总是揭露他人的隐私或攻击其短处。君子品德高尚，成人之美，让他人的优点得以更好地表现；而小人所揭露的往往是他人的隐私，对小人本身来说并没有好处，可以说是损人不利己了！

/写作运用/

写作主题： 隐私　尊重　和谐　宽容

写作示范： "你听说了吗？隔壁班里有个男生，喜欢没事闻自己的袜子呢。"上学的路上，几个同学围在一起叽叽喳喳聊起了"八卦"。虽然说的不是我，我心中却有些愤怒。君子扬人之善，小人讦人之恶，为什么他们要以取笑他人、揭人隐私为乐呢？

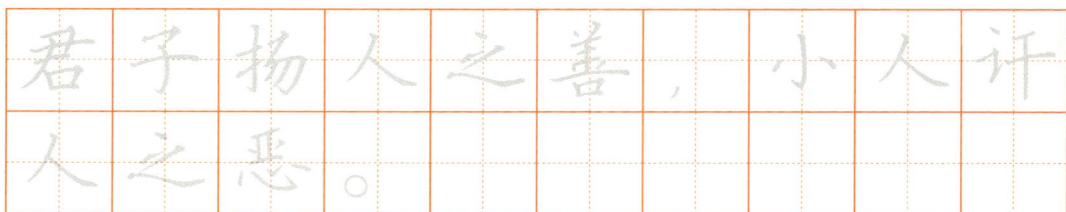

君子扬人之善，小人讦人之恶。

/日有所得/

著名的帝王教科书——《贞观政要》

《贞观政要》是唐代史学家吴兢所著的一部政论性史书。这本书主要总结了唐太宗时期的政治得失，为后世的君主提供借鉴。

书的内容包括唐太宗与魏征等大臣的问答、皇帝的诏书和大臣的谏议奏疏。内容涉及了政治、经济、军事、文化、社会、思想、生活等方面。

书中的许多道理，如"勤政爱民，恪守公道""选贤任能，扬长避短""兼听则明，偏信则暗""居安思危，戒奢以俭"等，至今仍然具有很强的现实意义。

一天一则名言警句·道德卷

《唐太宗立像》　[宋]佚名

137

心正则笔正。
xīn zhèng zé bǐ zhèng

|追本溯源|

穆宗政僻，尝问公权笔何尽善，对曰："用笔在心，心正则笔正。"

——《旧唐书》

|品思解读|

要把书法写好，先把毛笔握正，而握笔的要点在于心正。只有心正了，笔才能正。柳公权在面对皇帝的提问时，先回答了自己平日写字的秘诀，并间接地劝谏唐穆宗：只有内心摆正，才能写出好字；只有德行兼备，才能管理好国家。

|写作运用|

写作主题：端正 练字 品行 正直

写作示范：我向他请教如何才能把字写好，他认为应先把写字的速度降下来。我试了一下，字迹果然好看多了，看来之前的字迹潦草与写得太快有关。心正则笔正，笔迹就是我内心过于急躁的表现。

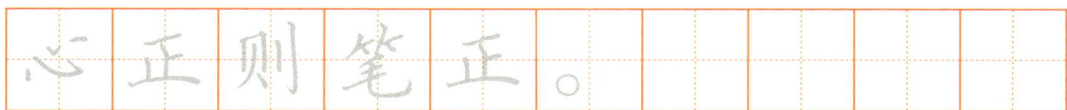

心正则笔正。

|日有所得|

楷书与柳体

　　楷书，也叫楷体、正楷、真书、正书。它由汉代隶书逐渐演变而来，在魏晋时期开始盛行，并在唐朝发展至顶峰。因为其"形体方正、笔画平直"，可为字体中的楷模，所以称为楷书。

　　柳公权是晚唐著名的书法大家，他在楷书的基础上开创了新的字体——柳体。柳体是柳公权在研究隋唐各家笔法，将技艺融会贯通后创作出来的。柳体用笔矫健，结构严谨，刻画细腻，与颜真卿的颜体合称为"颜筋柳骨"。

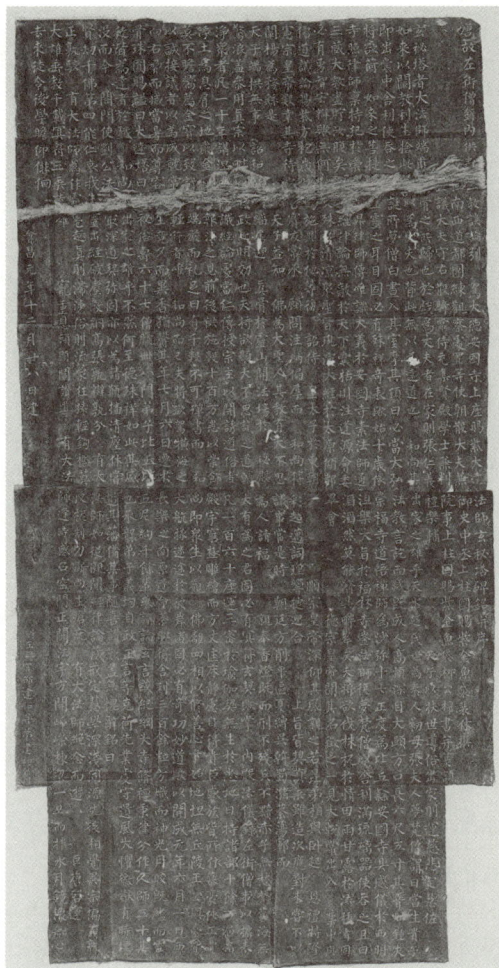

玄秘塔碑　　［唐］柳公权

四

bù néng gǎn rén
不能感人，

jiē chéng zhī bú zhì
皆诚之不至。

/追本溯源/

此亦可见，不能感人皆诚之未至。

——《薛文清公读书录》

/品思解读/

如果不能感动他人，那是因为自己缺乏诚心。与人交往，需要以一颗真诚的心去对待。不真诚的态度会让别人在心中建起壁垒；只有真诚待人，才能走进别人的内心。让我们的生活多一分理解，多一分友爱，多一分和谐。

/写作运用/

写作主题：真诚　友情　相处　反思

写作示范：真诚可以拉近人与人的距离，可以搭建友谊的桥梁。不能感人，皆诚之不至。"惟诚可得人心"，我们要用真诚去感化他人，以心换心，他人也会对我们真诚以待。因此，真诚是我们交友的基本原则。

140

不 能 感 人 ， 皆 诚 之 不 至 。

古人的读书智慧

《读书录》是明代薛瑄学习程朱理学时记录的读书心得。他在书中提到：读书时一定要思考每一句话的道理所在，多去思考这句话的来龙去脉，读书才有收获。

在读书治学方面，北宋苏轼也有"八面受敌读书法"。苏轼每次读书时常常只研究一个主题，所以经常一本书阅读很多遍。这个方法看上去笨拙，却能把书读深读透。

说起读书，那肯定要提到南宋朱熹。朱熹提出了"循序渐进，熟读精思，虚心涵泳，切己体察，着紧用力，居敬持志"的读书方法，并被后人不断借鉴运用。

《三夫子像》 ［元］刘敏叔
图中的三夫子为程颢、程颐、朱熹。

一天一则名言警句·道德卷

141

五

yǐ zhì chéng wéi dào
以至诚为道，
yǐ zhì rén wéi dé
以至仁为德。

/追本溯源/

人君以至诚为道，以至仁为德。守此二言，终身不易，尧舜之主也。

——《上初即位论治道二首·道德》

/品思解读/

人要以"诚"作为自己的行为准则，以"仁"作为自己的品行规范，不断提升自身道德修养。诚是人立身处世的基本原则，仁是与他人共情的基本要素。苏轼认为，只有君主的道德水平提升了，才能施行仁政，使国家富强、安定。

/写作运用/

写作主题：诚信　仁爱　和谐　国际关系

写作示范：至诚就是真诚、诚实守信，拥有良好的品德修养；至仁就是心怀仁爱、与人为善，营造融洽的人际关系。只有人人都"以至诚为道，以至仁为德"，社会才能变得更加和谐美好。

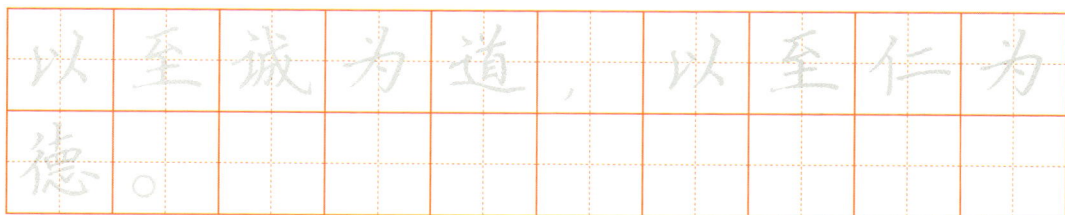

以至诚为道，以至仁为德。

尧、舜为什么被称为圣贤？

我们都知道，尧、舜是我国历史传说中的两位重要部落首领。他们具体有哪些成就呢？

上古时期，邦国林立。虽有黄帝创造的华夏部落联盟，但各地盟主拥兵自重，称雄争霸，祸乱迭起。尧、舜即位后，他们关心民生，以德治国，并为天下解决了洪水之忧，使他们的部落井然有序，实力逐渐强盛，其他部落也因此而臣服。

《帝尧立像》（局部）　［宋］佚名

一天一则名言警句·道德卷

143

宋濂借书

宋濂是一位明初的文学家，一生著作很多，还担任过太子朱标的老师。

宋濂小的时候家境贫寒，没钱买书，只能找别人借书来读。他每次借书的时候都会讲好还书的期限，从不违约，因此人们都乐意把书借给他。

有一次，他借到一本好书，决定把它抄下来。还书的期限马上要到了，于是他连夜开始抄书。当时天气寒冷，他写得手都快冻僵了。他的母亲心疼他，就劝他等天暖和了再抄。宋濂却表示：如果这次违约了，那我就失去了诚信，以后可能就没人愿意借书给我了。

宋濂守信的品行，让他在求学的过程中赢得了他人的信任与尊重。

实话实说的晏殊

北宋词人晏殊，素以诚实著称。据说，在他十四岁时，有人把他举荐给宋真宗。真宗召见了他，让他与一千多名进士同时参加考试。结果晏殊发现考试题目自己之前练习过，就如实向真宗报告，并请求改换其他题目。真宗非常赞赏晏殊的诚实品质，赐给他"同进士出身"。

晏殊当职时，京城的官员经常游玩饮宴，晏殊却整日待在家里写文章。之后真宗提拔晏殊为辅佐太子读书的东宫官，大臣们都很惊讶，真宗却说："近来只有晏殊闭门读书，如此自重谨慎，正是东宫官合适的人选。"晏殊谢恩后却说："我其实也喜欢游玩饮宴，只是家贫而已。若我有钱，也早就参与宴游了。"这两件事，使晏殊在群臣面前建立起信誉，宋真宗也更加信任他了。

一、请将下面的名称填入表格的合适位置。

①夏桀　②秦二世　③明英宗　④汉文帝　⑤尧　⑥晋惠帝
⑦隋炀帝　⑧宋太祖　⑨宋徽宗　⑩舜　⑪康熙　⑫唐太宗

明君					
昏君					

二、林逋是北宋著名隐逸诗人，请你选出他一生最爱的两种事物。

☐ 梅花　　　　☐ 竹子　　　　☐ 短笛

☐ 鹤　　　　　☐ 酒杯　　　　☐ 鹿

三、试着用本周学到的名言警句来写一段话，并用上素材天地的两则
典故。

谦者众善之基，
傲者众恶之魁。

qiān zhě zhòng shàn zhī jī
ào zhě zhòng è zhī kuí

/追本溯源/

古先圣人许多好处，也只是"无我"而已。"无我"自能谦，谦者众善之基，傲者众恶之魁。

——《传习录》

/品思解读/

谦虚是善行的基础，骄傲是恶行的根源。王阳明认为，人最大的毛病就是"傲"，因为傲慢的心态会让一个人狂妄自得，迷失自我。他还表示：子女傲慢，就必然不孝顺；父母傲慢，就必然不慈爱；朋友傲慢，就必然不守信。

/写作运用/

写作主题：谦虚 善恶 交往 人生态度

写作示范：试卷发下来，成绩很不理想，我反思自己学习上出现了哪些问题。哦！最近在老师讲解新课的时候，我经常走神，等回过头来发现已经讲到另一个知识点了。我因为自己之前成绩好就骄傲了，谦者众善之基，傲者众恶之魁，"傲"便是我成绩下滑的原因啊！

谦者众善之基，傲者众恶之魁。

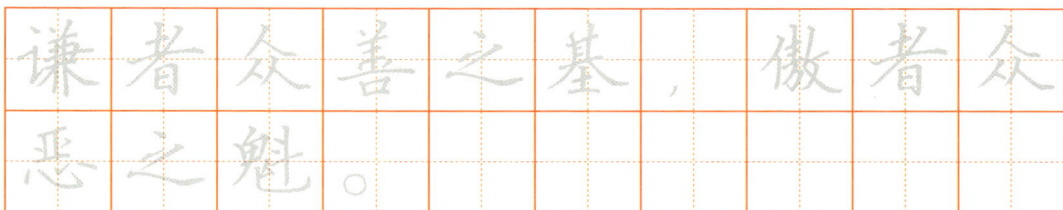

古人对善恶各有所见

古人很早就探究过人性善恶的问题，其中比较有名的是孟子与荀子。孟子认为人生来就有恻隐之心，都会做好事，所以他认为人性本善。而荀子的"善"指的是符合道德规范，这不是人生下来就能懂的，所以他认为人性本恶。

不同人对"善恶"的标准都是不同的。例如《朱子家训》就以人的内心为切入点，指出：做了好事，而想让他人看见，就不是真正的善；做了坏事，而怕他人知道，就是真的恶。此外，像"百善孝为先，万恶淫为首"等名言，也体现了古人的善恶观。

一天一则名言警句·道德卷

《王阳明肖像》（局部）　［明］蔡世新

147

bù yǐ zì wéi dà
不以自为大，

gù néng chéng qí dà
故能成其大。

|追本溯源|

万物归焉而不为主，可名为"大"。以其终不自为大，故能成其大。

——《老子》

|品思解读|

智者从来就不会觉得自己了不起，上来就要干惊天动地的大事业，而是认真地做好每一件小事，这为成就大的事业打下了基础。要想实现远大的目标，就需要从细微处入手。人只有避免好高骛远的心态，才能实现自己的远大抱负。

|写作运用|

写作主题：谦虚　奋斗　稳健　人生态度

写作示范：我看了他的成绩，惊叹道："哇，2分15秒！你怎么做到的？"他挠了挠头："一开始我也没想过我能跑这么快的。我每次训练就想着比上一次快一点，不知不觉就有这个速度了。"我佩服地说："这就是'不以自为大，故能成其大'吧！"

不以自为大，故能成其大。

|日有所得|

老子不以自为大

老子，姓李名耳，字聃。他天资聪颖，母亲曾让他去国都求学。老子后来做了周王朝的史官，负责管理周朝的图书典籍，因而学问渊博。

他七十多岁的时候，周朝衰败，天下大乱，于是他弃官西去。至函谷关时，遇见关令尹喜。尹喜知道他学识渊博，请求他写书。于是老子写了两篇文章讲道德的含义，共五千多字，也就是后来的《老子》一书。此后，再没有人知道他的下落。

一生不曾做过"大事"的老子可能做梦也没有想到，他写的《道德经》竟然成了道家经典著作，影响了后世几千年。

《老子出关图》 ［明］佚名

源洁则流清，

yuán jié zé liú qīng

形端则影直。

xíng duān zé yǐng zhí

/追本溯源/

是知源洁则流清，形端则影直，大道起而仁义息，神化周而市
狱定。

——《上刘右相书》

/品思解读/

水源是干净的，水流才能保持清澈；身体保持端正，影子才不
会弯曲。我们需要真正从内心认同、培养道德，因为内在才是决定事
物的关键。若只是单纯地模仿行为而不去理解其精神实质，就注定是
"东施效颦"。

/写作运用/

写作主题： 清白　廉洁　内在　正直

写作示范： 源洁则流清，形端则影直。自古以来，人们就推崇
高尚的品质，以洁为操守，以端为修养。尽管当今时代价值多元、竞
争激烈，但正直、高洁仍然是崇高的美德，并未因岁月流转而改变。

源洁则流清，形端则影直。

古代对影子的妙用

影子是生活中常见的一种现象。古人对影子颇有研究，例如根据阳光下的影子研制出了"日晷（guǐ）"。"日晷"意为太阳的影子，可利用日影长短的变化及方向的不同来确定当前的时刻。

此外，古人妙用影子的另一个例子是"皮影戏"。"皮影戏"又称"影子戏"，是一种戏剧形式。原理是用灯光照射兽皮或纸板做成的人物剪影，通过白色幕布的反射，进行演出。表演时，艺人们需要在幕布后面一边操纵影人，一边演唱着曲调，讲述故事。

《晴沙集影图》　［清］边寿民

一天一则名言警句·道德卷

151

shēn bú zhèng　bù zú yǐ fú
身不正，不足以服；
yán bù chéng　bù zú yǐ dòng
言不诚，不足以动。

/追本溯源/

喻人而人不喻，其故有二：身不正，不足以服；言不诚，不足以动。

——《耻言》

/品思解读/

自身的行为不端正，就不能使他人信服；说的话不够真诚，就无法打动他人。我们的举动都被他人看在眼里，如果我们不能端正自身的言行，又怎么去教育他人？教育所依靠的不是命令，而是真诚的言行。

/写作运用/

写作主题：自律　真诚　教育　以身作则

写作示范：我正在大快朵颐，旁边的小胖突然说我吃得太多了，我笑出声来："你还说我呢？看看你的大肚子，再对比下我的，你这算不算是'身不正，不足以服'啊？"小胖愤愤地说："我的意思是，你咋不叫上我一起呢？"

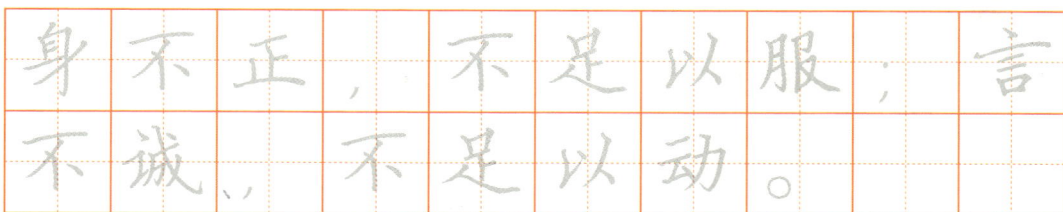

身不正，不足以服；言
不诚，不足以动。

/日有所得/

"正"字的演变

　　"正"这个字在甲骨文中本是"征"的意思，表示行军征战，讨伐不义之地。慢慢地，"征"和"正"被区分开来，"正"开始指所有仗义的讨伐，并由此延伸，有了"纠正，使恰当"的意思。

　　"正"字开始成为一种计票方式，据说是在清末民初。当时的戏园在五位客人入座后，一般会画个"正"来统计数字。

　　其实有五个笔画并适合计数的汉字还有很多。人们选择"正"字，或许也是因为它所蕴含的文化意义。

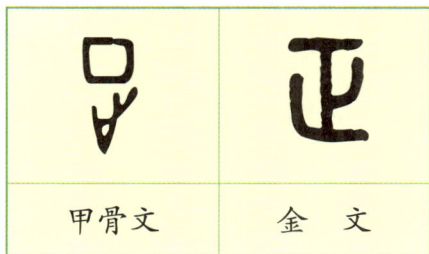

甲骨文	金　文

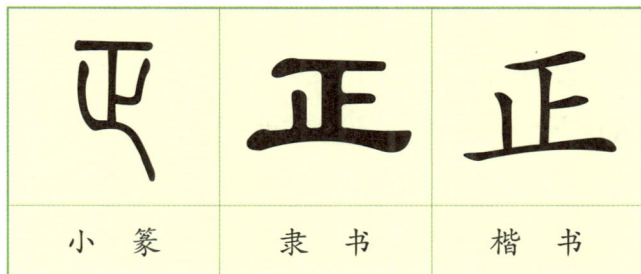

小　篆	隶　书	楷　书

一天一则名言警句·道德卷

153

业精于勤，荒于嬉；
行成于思，毁于随。

yè jīng yú qín　huāng yú xī
xíng chéng yú sī　huǐ yú suí

/追本溯源/

国子先生晨入太学，招诸生立馆下，诲之曰："业精于勤荒于嬉，行成于思毁于随。"

——《进学解》

/品思解读/

学业靠勤奋才能精湛，如果贪玩就会荒废；做事成功要靠独立思考，如果随波逐流就会毁掉。勤奋学习与独立思考，被韩愈视为人世间极为重要的两项任务。只要你愿意付出努力将学业修好，不断完善德行，养成认真思考的习惯，自然就不需要为将来的生活担忧。

/写作运用/

写作主题：勤奋　学习　独立思考　人生态度

写作示范：老师把手机还给我，还让我思考一个问题：如果整天打游戏、看小说、刷视频，以后你会变成什么样？我想起了韩愈的一句话：业精于勤，荒于嬉；行成于思，毁于随。如果真这样下去，那一定会毁了我自己的前途。

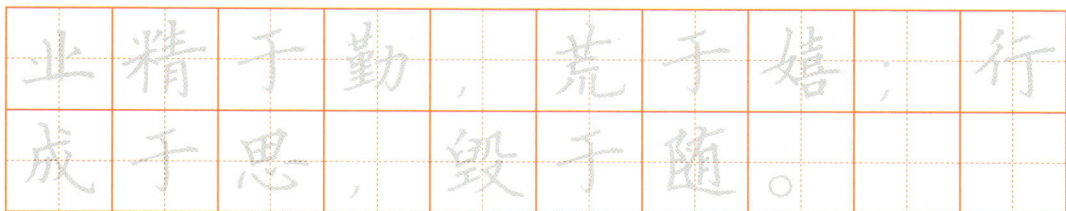

《进学解》中的捣蛋学生

《进学解》的开头，韩愈告诉学生们要好好学习，是金子一定会发光的。此时，一名学生跳了出来。他先是讲了一堆韩愈的辉煌简历，然后突然抨击他："您那么有学问，怎么没见您过上好日子？"

令人没想到的是，韩愈这样回答："相比孟子、荀子等圣人，我的学问不如他们，我的待遇又比他们好，我已经心满意足了。"全文就此戛然而止，留给后人很大的思索空间。

《韩愈画记卷》（局部）　［明］沈周

言传身教的故事

谢安是东晋一代名相，他曾指挥东晋的军队取得了淝水之战的胜利。

有一天，谢安的夫人正在教育儿子。她看到谢安在一旁没有反应，于是问他："为什么你不教育孩子呢？"谢安回答："我常常以自身行为教育儿子。"

这就是成语"言传身教"的由来。其实，谢安非常重视他们家族后代的教育。他常通过自己的言行举止，潜移默化影响子女。在他高卧东山的时候，谢安的兄弟们都纷纷将自己的子女托付给他教育。

学以致用

一、请判断以下句子是否正确，正确的打"√"，错误的打"×"。

1. "正"字在甲骨文时期本义是"征"，即讨伐不义之地。

2. 老子曾经在周朝担任史官，负责管理图书。

3. 孟子的"性善论"是对荀子的"性恶论"的反驳。

二、请模仿例句的样式，创作几个短句。

例一：谦者众善之基，傲者众恶之魁。

□ 者 □ 之 □ ，□ 者 □ 之 □ 。

例二：身不正，不足以服；言不诚，不足以动。

□ 不 □ ，不足以 □ ；□ 不 □ ，不足以 □ 。